T0169736

La philosophie est une réflexion pour qui toute matière étrangère est bonne, et nous dirions volontiers pour qui toute bonne matière doit être étrangère.

Georges Canguilhem

Variations nocturnes

OLIVIER SCHEFER

Variations nocturnes

VRIN

Matière Étrangère

Le photogramme extrait du film "Vaudou" de Jacques Tourneur est reproduit avec l'autorisation d'Aries-Films.
Le photogramme extrait du film "Sherlock Junior" est reproduit avec l'autorisation de mk2 s.a.

Directeur de collection :
Bruce Bégout

© Librairie Philosophique J. VRIN, 2008
ISBN 978-2-7116-1985-6

Aux insomniaques et aux somnambules

Jacques Tourneur, *Vaudou*

Pour conjurer le démon de l'insomnie qui hantait sa vieillesse, Kant ne comptait pas les moutons, il continuait à penser. Sans pour autant penser sans méthode ni objet adéquat. Il adoptait une stratégie qui était à peu près la suivante : fixer mentalement un objet indifférent, mais pas totalement quelconque, afin que son esprit puisse « lâcher » prise et soit en mesure de se glisser dans le sommeil, sans se sentir contredit ni trop offensé par cette puissance ennemie. C'est donc en héros solitaire qu'il écrit ces lignes dans le *Conflit des facultés* : « Mais, rendu impatient par la façon dont je me sentais gêné dans mon sommeil, je recourus bientôt à mon moyen stoïque : fixer avec application ma pensée sur un quelconque objet indifférent, que je choisissais, quel qu'il fût (par exemple sur le nom de Cicéron, qui contient beaucoup de représentations adjacentes), et par conséquent détourner mon attention de cette sensation ; par là celle-ci devint ensuite, et à vrai dire rapidement, moins aiguë, et c'est ainsi que le sommeil prévalut sur elle et cela, à chaque fois que des crises de cette sorte se produisent à nouveau, je peux le répéter, dans les brèves interruptions du sommeil nocturne, avec un résultat pareillement positif. » L'affaire est entendue : le grand réformateur de la raison pure et des illusions de la métaphysique, connu pour ses habitudes monomaniaques de petit vieux, et sa morale bâtie sur le self-contrôle, n'était guère enclin à dormir. Nulle haine du sommeil pour autant chez lui, puisqu'il *faut* dormir, et que le sommeil est affaire d'impératif naturel. Mais on sent bien que Kant ne goûte guère cette interruption de l'œuvre en cours (le tiers de la vie humaine étant en moyenne consacré à dormir), le pire étant ces insomnies qui surviennent avec l'âge et entravent la bonne marche des labeurs du jour, réglée chez lui comme du papier à musique. Ainsi lorsqu'il répond dans ce *Conflit des facultés* (ouvrage tardif et riche en comique involontaire [1]) au professeur Hufeland, auteur d'un traité sur les moyens de prolonger la vie, Kant se gausse légèrement : la diététique est par elle-même un procédé trop empirique et mécanique, c'est à la détermination philosophique et morale de l'esprit, et à elle seule, qu'il convient de s'en remettre. Il lui paraît aussi inutile que contradictoire d'aspirer à prolonger la durée de la vie en usant de moyens corporels consistant à ménager ses forces : comme d'éviter le froid, dormir davantage, ou encore se faire assister médicalement dans sa vieillesse. Toutes ces pratiques contredisent l'idée passablement héroïque qu'il se fait de la vie, et puisque l'essence de la force vitale (*Lebenskraft*) réside dans l'action et le mouvement énergétique, on ne saurait préserver sa vie sans faire usage de ses forces (idée que Nietzsche n'eût pas désavouée). Or donc le sommeil n'est pas une panacée. Il produirait plutôt l'effet contraire à celui qui était escompté : « Car multiplier les réveils et les assoupissements, pendant les longues nuits d'hiver, paralyse, délabre et épuise, dans un repos illusoire, tout le système nerveux : par conséquent la commodité est ici une cause du raccourcissement de la vie. Le lit est le nid d'une foule de maladies. » Cette dernière

---

1. Dans la note finale de la Postface, il confesse avoir mis du temps à comprendre qu'il avait perdu l'usage d'un de ses yeux *sans s'en être rendu compte*.

assertion se passe sans doute de commentaires, quoiqu'elle soit assez symptomatique des rapports pour le moins problématiques d'une certaine philosophie au corps, en particulier au corps *abandonné*, que ce soit dans le sommeil, la paresse ou la jouissance. Kant fait toutefois partie de ces esprits génialement soucieux de penser toutes choses, même les plus ordinaires, c'est-à-dire au premier chef les raisons de leur existence. Alors à quoi sert le sommeil qui se mêle d'interrompre l'Œuvre critique ? Il a pour tâche exclusive de délasser l'esprit et le corps, afin de permettre au premier de recharger ses batteries philosophiques jusqu'au lendemain. Mais comme il suspend l'activité musculaire, il ressemble de près à la mort. Kant pense alors, en bonne logique, la nécessité du rêve, dont il situe l'origine dans un jeu involontaire de l'imagination. Avant Freud, mais bien différemment, il affirme qu'il n'y a pas de sommeil sans rêve, tout au plus les avons-nous oubliés. Les cauchemars, en particulier, lui semblent propices à maintenir en nous un semblant d'activité, car le cauchemar oppressant, l'incube, dans la mesure où il nous bouleverse, permet d'éviter la mortelle stagnation du sang dans le corps. Il est permis de rire ici un peu à ses dépens, mais sans méchanceté toutefois, car l'homme est touchant et fragile quand il regarde en face ce qui lui échappe absolument. En soulignant la nécessité toute physiologique des rêves dans l'*Anthropologie du point de vue pragmatique*, Kant se laisse même aller à un début de confession proustienne, si sa volonté farouche d'explication ne reprenait immanquablement le dessus : « Ainsi je me souviens très bien, comment, enfant, quand j'étais fatigué par le jeu et que je me couchais, à l'instant où je m'endormais, j'étais très vite réveillé par un rêve : c'était comme si j'étais tombé dans l'eau, et que près de me noyer, j'étais emporté par un tourbillon ; je me réveillais aussitôt, mais pour me rendormir bientôt plus calmement ; on peut supposer que l'activité des muscles de la poitrine dans la respiration, qui dépend entièrement de la volonté, venant à se relâcher, et le mouvement du cœur étant inhibé par la défaillance de la respiration, il est nécessaire que l'imagination onirique soit remise en jeu. » Dans l'exercice du jugement de goût esthétique, l'imagination se délivrait, une première fois, de sa dépendance à l'égard de l'entendement, dépendance qui caractérise globalement la situation cognitive. Car lorsque nous disons d'une chose qu'elle est belle, l'imagination appréhende et l'entendement conceptualise, mais tous deux s'accordent librement sans que ne soit préalablement définie une priorité ou un quelconque ordre hiérarchique. Dans le cas présent, Kant parle d'une imagination totalement débridée et sauvage, qui exerce seule et de façon involontaire ou arbitraire (*unwillkürlich*) son pouvoir de représentation, indépendamment de la juridiction de la raison et du jugement exercé par l'entendement : il s'agit du rêve. Pour le reste, c'est-à-dire la littérature, nous n'en saurons guère plus sur la nature de ses rêves et sur ses jeux d'enfant. Mais pour ce qui est des rêves, Kant est tout à fait catégorique : ils n'ouvrent sur rien et n'annoncent aucun monde invisible.

Il reconnaît pourtant qu'il y a ici un profond mystère (rappelons que l'*Anthropologie* paraît pendant le premier romantisme allemand, en 1798), mais comme celui-ci est inexplicable, il n'y a pas lieu de s'y attarder. Il lui suffit de savoir que le sommeil accompagné de rêves est nécessaire à la vie, qu'importe qu'il ait ou non une signification, claire ou obscure, et draine dans son sillage toutes sortes de conséquences esthétiques, poétiques et théoriques majeures. Etrange, et pourtant compréhensible aveuglement de la part d'un des principaux représentants de l'*Aufklärung*. Pour autant, le mystère fait problème : « Comment se fait-il que le rêve nous transporte souvent dans un passé fort éloigné, et nous fait parler avec des gens qui sont morts depuis longtemps ? Pourquoi cherche-t-on à tenir ces images pour un rêve, alors qu'il y a en nous une contrainte à les tenir pour la réalité ? Voilà qui demeure toujours inexpliqué. Mais on peut admettre comme certain qu'il ne saurait y avoir de sommeil sans rêve : si on prétend n'avoir pas rêvé, c'est qu'on a oublié son rêve [1]. »

Il est peut-être plus surprenant de découvrir, près de deux siècles plus tard, Vladimir Nabokov qui proclame sa haine farouche du sommeil. Haine que la vieillesse, là encore, ne fait qu'accroître. Dormir, affirme-t-il en substance, revient à poser sa tête sur un billot (l'oreiller !) en attendant d'être décapité par une puissance invisible. D'où ces insomnies que le refus de l'évidence du sommeil finit par provoquer, « (…) cette odieuse insomnie continuait à faire de lui un réprouvé dans sa propre demeure : Ada dormait profondément, ou lisait, confortablement installée quelques portes plus loin ; plus loin encore, dans leurs appartements, les divers domestiques avaient depuis longtemps rejoint la multitude hostile des dormeurs du lieu, qui semblaient recouvrir les collines avoisinantes sous l'épaisse noirceur de leur repos ; à lui seul était refusée cette inconscience qu'il méprisait si farouchement et recherchait avec tant d'assiduité ». Toute l'œuvre de Nabokov, qui s'organise autour de jeux complexes sur la fiction, les artifices et la féerie, apparaît comme une lutte à mort contre le sommeil. Les rêves sont des manifestations bien trop précieuses et essen-

---

1. Sur Kant, voir *infra* « Une énigme kantienne : la raison somnambule », p. 73.

tielles pour être abandonnés à un phénomène aussi stupidement naturel et inesthétique que le simple fait de dormir.

Entre la défiance du philosophe et la jalousie de l'écrivain, on aurait quelques bonnes raisons d'ignorer le sommeil et ses illusions. Rien n'est pourtant plus séduisant, de prime abord, que le sommeil. Il suffit de se promener au rayon spiritualité et médecine parallèle de quelque grand centre commercial pour s'en convaincre. Il serait sans doute aisé d'écrire un « beau » livre sur ce « beau » sujet, comme il y en a tant. J'en ai lu quelques-uns, et je dois dire que les bras m'en tombent encore devant tant de joie et de bonheur. Le sommeil et le rêve semblent faire partie de ces objets destinés à réenchanter notre grisaille quotidienne, ouvrant de larges perspectives sur l'au-delà, l'utopie et la spiritualité. Comme si la fin des grands récits, dont nous sommes paraît-il les contemporains, ne pouvait se solder que par l'abandon de la posture critique, d'une part, et par l'éclosion d'un néo-romantisme béat, mâtiné de pseudo mysticisme, d'autre part [1]. Deux attitudes qui sont probablement les versants d'une même acceptation consensuelle du monde.

Ce n'est pas le beau et voluptueux sommeil qui m'intéressera dans ces pages, mais le mauvais sommeil, non qu'il soit meilleur ou plus noble que l'autre, ou encore plus intéressant et digne d'attention, justement parce qu'il est irritant, négatif, moderne, etc. J'essaierai de rester vigilant (exercice acrobatique en la matière), car on a vite fait d'ériger en normes ses préférences et de se montrer aussi conventionnel que ce qu'on

---

1. Je recommande, à qui voudrait s'y risquer, la lecture du livre de Jacqueline Kelen, *Du sommeil et autres joies déraisonnables*, Paris, Albin Michel, 2006.

critique. Je crois simplement que le mauvais sommeil nous sollicite plus entièrement que le « bon », puisqu'il ne nous extrait pas du monde, mais nous incite à le repenser et à le revoir. Il concerne également l'homme endormi et celui qui veille (et parfois les deux en même temps), c'est pourquoi il engage *une réflexion sur notre relation au monde* comme une *théorie des représentations imaginaires*. Les pages qui suivent empruntent leurs motifs principaux à ces deux approches. On lira donc une étude subjective sur le sommeil *contrarié*. Car c'est quand il est brisé, interrompu, qu'il se dérobe ou, au contraire, vient brutalement, autrement dit lorsqu'il cesse d'être une évidence naturelle, que le sommeil a quelque chose à nous dire. Ou plutôt que nous avons quelque chose à lui demander. La philosophie ne naît-elle pas de la contrariété que produit l'étonnement ?

« Les gens qui dorment mal, note justement Blanchot, apparaissent toujours plus ou moins coupables : que font-ils ? Ils rendent la nuit présente. » Le mauvais dormeur brise l'accord implicite qui relie le sommeil à l'ordre du jour et à sa loi générale (le travail, l'ordre social). Ce faisant, il ne révèle pas seulement l'aspect nocturne des choses, comme l'indique Blanchot. Le mauvais dormeur soulève, sans forcément le savoir, toute une série de questions liées à la nature de la perception, interne ou externe. Celle-ci par exemple : comment des êtres littéralement tirés du sommeil, et qui continuent d'entretenir avec lui de secrètes affinités, donnent-ils corps aux rêves et matière à l'imperceptible, bouleversant en retour l'identité de la matière, des corps et le partage même entre les mondes ? Car sortir inopinément du sommeil, ce n'est pas seulement en être exclu, telle une greffe qui ne prendrait pas, c'est en émerger tout en prenant sur soi ses sortilèges et ses images. On comprendra que parmi tous les êtres inquiets et inquiétants du sommeil, le *somnambule*, l'errant lui-même, occupe ici une place essentielle. « Le somnambule, note encore Blanchot, nous est suspect, étant cet homme qui ne trouve pas de repos dans le sommeil. Endormi, il est pourtant sans lieu et, on peut le dire, sans foi. La sincérité fondamentale lui manque ou, plus justement, à sa sincérité manque la base : cette position de lui-même qui est aussi repos, où il s'affirme dans la fermeté et la fixité de son absence devenue support. »

Et si le somnambule trompe nos habitudes et nos attentes, s'il ne trouve pas de *place* dans le sommeil ordinaire, c'est bien qu'il *déplace* essentiellement le rêve dans la vie, la nuit dans le jour, subvertissant au passage les limites et les frontières de l'une et de l'autre. Le somnambulisme a donné lieu à des conjectures assez variées sur l'au-delà et la possible communication avec d'autres esprits (le *Geisterwelt* de Swedenborg puis des Romantiques), et le travail de la voyance. Mais cette transcendance à laquelle l'errant prête son corps, et sa singulière conscience, questionne toujours, en retour, et peut-être au premier chef, l'immanence la plus concrète et la plus radicale : car ce mysticisme spirite, avec son cortège de mondes invisibles, s'enracine dans une phénoménologie de la perception, dont il transpose parfois purement et simplement les termes sur un plan rêvé. Dans son étude intitulée *Somnambulisme et médiumnité*, Bertrand Méheust a montré comment la découverte effectuée par le marquis de Puységur, en 1784, d'un nouvel état de somnambulisme, dit artificiel ou provoqué, aura contribué à repenser de fond en comble le psychisme humain et à en redessiner la carte. Figure bizarre et décentrée de notre culture, le phénomène du somnambulisme donne à interroger l'histoire secrète de nos concepts, et les aspirations inavouées de nombreuses disciplines, telles que la philosophie, la médecine, l'art et la religion, qu'il continue d'influencer en sous-main.

*

Je n'ai pas voulu écrire une histoire du somnambulisme en bonne et due forme, d'autres l'ont fait avant moi et fort bien. J'ai essayé de questionner cette figure singulière, à l'aide de la philosophie, de la littérature, de la peinture et du cinéma. Mais à force de regarder ces êtres d'une invraisemblable densité existentielle, j'ai compris que je ne pouvais me tenir à distance et ma vie est entrée dans le jeu, et c'est elle, parfois, qui m'a fait comprendre ce que je regardais ou lisais, pour y répondre, ou, mieux, pour relancer les interrogations.

Ces courts chapitres sont les variations fragmentaires d'une continuité brisée (celle du texte et du sommeil) − échos, rémanences, accélérations et reprises −; quelque chose donc comme une forme *hantée*. Toute vie n'est-elle pas hantée ?

Insomniaque, somnambule, revenant, qu'un homme se lève dans la nuit, et c'est une autre histoire qui commence. Une autre histoire dans une autre nuit.

premiers déplacements

Comment dormir ? La question peut paraître saugrenue et quelque peu superflue, pour ne pas dire suspecte au regard des troubles incessants de l'histoire, qui requièrent des hommes éveillés et lucides. N'y a-t-il pas mieux à faire vraiment que de dormir ? Et quand tout va apparemment bien, ne suffit-il pas de se laisser aller, couler, porter par la fatigue ; dormir quand le besoin s'en fait ressentir ? Pourquoi donc y penser ? Selon Bachelard, « les bons sommeils sont les sommeils bercés et les sommeils portés, et l'imagination sait bien qu'on est bercé et porté par quelque chose et non par quelqu'un », sommeils qui nous mettent en liaison avec le cosmos, inaugurant le grand voyage dans l'infini de soi. Mais cette passivité n'est pas toujours aussi innocente qu'il y paraît. Si l'homme qui dort tient en cercle autour de lui, comme l'écrit Proust au début de la *Recherche*, « le fil des heures, l'ordre des années et des mondes », c'est bien qu'il appartient au temps et au monde, à l'histoire même, dont il ne se soustrait quelques heures que pour mieux reparaître. Alors comment revenir sur terre, après ces heures passées à simuler son futur cadavre, non pas physiologiquement s'entend, mais bien philosophiquement ? Sommes-nous semblables en tout point à celui que nous étions la veille au soir ? Ou chaque fois différent et un peu plus étranger (à nous-mêmes) ? A ces questions, le dormeur essaie peut-être de répondre en se livrant à un petit jeu, dans lequel il tente de réfléchir sa faculté dormitive, pour se saisir au point de disparition. Chacun aura sans doute essayé, ne serait-ce qu'une fois, de guetter la venue du sommeil : on sait bien qu'il y a là un exercice paradoxal, puisque le sommeil ne vient que lorsqu'on renonce à (le) guetter et à (y) penser (sinon dans ce vague indéfini kantien où le moi suspend peu à peu son pouvoir de représentation pour accueillir l'indétermination nocturne), en somme, lorsqu'on se résout à délaisser notre puissance subjective pour accepter d'obéir absolument à la loi du sommeil. A contrario, c'est la réflexion interne au sommeil, le rêve dans le rêve, qui nous reconduit aux portes de l'éveil, comme si cette réflexivité onirique anticipait le pouvoir de la conscience vigile. Novalis : « Nous sommes proches du réveil quand nous rêvons que nous rêvons. »

L'impossible coïncidence entre moi et mon sommeil a parfois été décrite comme une expérience anticipée de la mort. Leopardi le note sans ambiguïté : « L'homme ne s'aperçoit jamais précisément du moment où il s'endort, quels que soient ses efforts pour y arriver. (…) On pourrait dire que l'endormissement ne survient pas à un moment précis mais qu'il s'étend progressivement, de manière plus ou moins brève, peu à peu, plus ou moins rapidement ; et il faudra dire la même chose de la mort. » Cette analogie lui permet de ranger le sommeil au rang des phénomènes seuls capables de rendre l'homme heureux, c'est-à-dire inconscient et oublieux, puisque la vie n'est selon lui que souffrance : « Selon ma théorie du plaisir, le sommeil et tout ce qui provoque le sommeil, etc., est en soi agréable. Il n'est pas de plus grand plaisir (ni de plus grand bonheur) que de ne pas être conscient de vivre. »
Pour dormir, il nous faut donc jouer le jeu (dangereux ou libérateur, c'est selon) de la passivité absolue, et, semblable à un acteur, se glisser dans la peau du dormeur. Ce qui n'est pas une mince affaire, car dès qu'on y pense le jeu se complique.

Mais d'abord, et à supposer que justement nous renoncions à penser, quel jeu jouons-nous ici ? Si le sommeil, comme le notait Blanchot appartient essentiellement à l'ordre de la veille, qu'il préserve, tout en refoulant le nocturne sur toute sa marge, c'est bien que mon abandon de dormeur est feint. Il s'agit d'une position existentielle : même là, je joue mon être, et je continue d'être au monde, et c'est bien parce que je joue qu'il me sera loisible de revenir demain matin avec les autres vivants pour prolonger la comédie de la vie. Dans une page de la *Phénoménologie de la perception*, Merleau-Ponty a parfaitement souligné l'ambivalence de ce pseudo abandon au sommeil, qu'il rattache aux forces impersonnelles et anonymes du corps propre, sous-jacent à chacun de mes actes (la « vigilance anonyme des sens »). « Comme les fidèles, dans les mystères dionysiaques, invoquent le dieu en mimant les scènes de sa vie, j'appelle la visitation du sommeil en imitant le souffle du dormeur et sa posture. Le dieu est là quand les fidèles ne se distinguent plus du rôle qu'ils jouent, quand leur corps et leur conscience cessent de lui opposer leur opacité particulière et se sont entièrement fondus dans le mythe. Il y a un moment où le sommeil "vient", il se pose sur cette imitation de lui-même que je lui proposais, je réussis à devenir ce que je feignais d'être : cette masse sans regard et presque sans pensées, clouée en un point de l'espace, et qui n'est plus au monde que par la vigilance anonyme des sens. Sans doute ce dernier lien rend possible le réveil : par ces portes entr'ouvertes les choses rentreront ou le dormeur reviendra au monde. »

Pour autant, les insomniaques qui m'intéressent au premier chef ne jouent pas, ne s'imitent pas ; ils disent au monde crûment la tragédie de la vie. Sa poésie et sa solitude. Et si nous pouvions attendre d'eux quelques enseignements substantiels sur la nature du réel et des pseudo-évidences ? Mais qui les écoute ici ? Qui les croit ? A celui ou celle qui avoue : « j'ai mal dormi cette nuit », l'homme éveillé, pris dans la force tourbillonnante du jour, ne prête guère attention. Pour un peu, il en voudrait presque à son semblable de cette confession impudique. Que le dormeur se confie au monde par le biais de la loi ou par la vie végétative de son moi, il sait d'instinct et d'avance pouvoir revenir sans heurt. Il accepte avec confiance l'impossible réflexion de son sommeil. Mais il suffit parfois d'un simple changement (de lieu, de position) pour qu'un doute majeur se saisisse de lui. L'insomnie dans ces moments-là brouille, une fraction de seconde décisive, tous ses repères et jusqu'aux traits de son propre visage. Où suis-je ? devient immédiatement : qui suis-je ? Jacqueline Risset note que la *Recherche du temps perdu* émerge d'un sommeil peuplé de rêves, comme Vénus de l'eau, tout en gardant « son origine tout près de lui ». Proust est surtout cet insomniaque exemplaire qui tisse son grand texte à la manière d'une araignée, en déroulant la pelote du sommeil : « Que s'il s'assoupit dans une position encore plus déplacée et divergente, par exemple après dîner assis dans un fauteuil, alors le bouleversement sera complet dans les mondes désorbités, le fauteuil magique le fera voyager à toute vitesse dans le temps et dans l'espace, et au moment d'ouvrir les paupières, il se croira couché quelques mois plus tôt dans une autre contrée. Mais il suffisait que, dans mon lit même, mon sommeil fût profond et détendît entièrement mon esprit ; alors celui-ci lâchait le plan du lieu où je m'étais endormi et, quand je m'éveillais au milieu de la nuit, comme j'ignorais où je me trouvais, je ne savais même pas au premier instant qui j'étais ; j'avais seulement dans sa simplicité première le sentiment de l'existence comme il peut frémir au fond d'un animal (…) ».

l'autre nuit

Réveillé à quatre heures du matin. J'ignore pourquoi. Est-ce à cause de l'acouphène contracté, il y a quelques années, dans l'oreille gauche, et qui perturbe encore certaines de mes nuits en laissant passer un léger chuintement, peu perceptible, mais audible parfois avec la fatigue ? Je ne crois pas, mais qui sait ? Un beau jour, façon de parler, mon moi s'est coupé en deux : le moi pensant et ressentant a découvert un fond sonore, une nappe continue. Question : ce fond était-il là depuis toujours, comme certains médecins rassurants veulent le faire croire, mais vous ne le saviez pas, faute d'y avoir fait attention, ou est-il là parce que vous l'écoutez et que, pour une raison qui vous appartient, vous vous décidez à être attentif ? Réponse : je ne sais pas, et d'ailleurs qu'est-ce que cela change ? Il est là et je suis devenu ce bruit. Les six premiers mois, je n'ai quasiment pas dormi ; titubant sans cesse, ivre à force de m'épuiser pour trouver un sommeil provisoire, abrutissant. Les autres vous regardent avec tristesse, vous êtes mal, mais on ne voit rien. J'ai pensé au suicide, sans envie pourtant, mais comment supporter l'équivalent d'un robinet de gaz ouvert en permanence dans l'oreille ? Séjour au bord de la mer. Nous avions réservé une location à dix mètres de la plage et de ses rouleaux puissants qui s'écrasaient sur le sable : paix momentanée mais épuisante. Je passe des heures à marcher de long en large sur le bord, en essayant d'absorber la puissance de ce monde sonore pour effacer l'acouphène. Puis déménagement dans un appartement où, miracle que je suis le seul à apprécier, les tuyauteries de l'immeuble seront déréglées : je m'apaise un peu avec un bruit plus fort que le mien. A bout de nerfs, hystérique, j'écoute parfois de la musique à la puissance maximale, et la formule de Nietzsche (« sans musique, la vie serait un erreur »), n'y fait pas grand chose ; je lis à côté de voies ferrées, de fontaines, travaille la porte ouverte, imagine d'installer un frigidaire bruyant dans mon bureau, suis toujours prêt à passer l'aspirateur, etc. Rien ne s'arrange, rien, et pourtant ça m'aide à m'oublier. Mais il y a un moment effrayant, absolu, radical, que je passe la journée à essayer de conjurer : le moment du coucher, quand tout se tait. Le sommeil ne vient que par surprise, sursaut inattendu, sans joie ni saveur. La mort, c'est comme ça ?

Cette nuit-là donc, autour de quatre heures, debout, sans raison apparente. Instinctivement, je « prête l'oreille » (à quoi ? à qui ?). Souvenir de ces anciennes tortures qui ont disparu ? Non, autre chose me tient éveillé. Impossible de savoir quoi. Multiples insomnies d'une année sur l'autre. Mon actuel chuintement, sourd et modulable, a d'ailleurs accru de façon intéressante, et presque novatrice, ma perception auditive. Il m'arrive, telle une chauve-souris, d'entendre des sons que les autres paraissent ignorer. Dernièrement, au cours d'une interminable réunion universitaire, j'ai entendu couler une véritable cataracte, son qui n'était pas désagréable du reste, mais vraiment incongru en ce lieu. Mes collègues, aussi concentrés qu'ennuyés, semblaient ne rien percevoir. Il s'agissait des tuyaux de radiateurs qui se mettaient en marche.

(Parmi les cas d'hyperesthésie attribués aux somnambules, il faut compter : l'hypervision, l'hyperacousie, la vision dans le noir, à travers des corps opaques (bandeau appliqué sur les yeux), ou à distance, mais aussi le déplacement des zones sensorielles, qui empiètent les unes sur les autres, la perception épigastrique, la vision par les mains ou la plante des pieds, etc. Corps multi-sensoriel du somnambule tenu d'inventer d'autres voies perceptives.)

J'ouvre les yeux dans cette insomnie. Immédiate vision des arbres (ce sont les arbres mêmes qui regardent, et non moi, ce sont eux qui attendent leur spectateur). Forêt de racines inversées. Si le jour est la doublure de la nuit, et que les objets, mais peut-être aussi les visages et certains corps, en sont des ombres portées, alors qu'est donc le sommeil ? Et le réveil soudain ?

Après avoir vainement remué quelques pages de plusieurs livres entamés (je cherchais une issue ?), je suis retourné me coucher deux heures après. Ce moment-là est toujours plénitude. C'est une extase essentielle, un abandon par Ko complet du corps et de l'esprit ; je m'écroule dans un sommeil lourd et épais. Aucun de mes membres ne résiste, je suis tiré par quelque chose dans un lieu que j'ignore.

A l'aube – rêves rapides et brillants. Ceux qu'on fait dans cette ivresse, cette fatigue du veilleur, possèdent une grande qualité visuelle, comme si l'on effleurait les racines cristallines du sommeil, avant qu'il ne se brise en mille éclats, foudroyé par le projecteur du jour.

Je veux écrire dans cet interstice-là, sur la frange d'un demi-jour et d'une presque nuit.

la maladie des somnambules

Je me couchai ensuite et je tombai dans un de mes sommeils épouvantables, dont je fus tiré au bout de deux heures environ par une secousse plus affreuse encore.

Lorsqu'il se sent épié par un être invisible qui se débat avec lui durant son sommeil et hante sa chambre à coucher (traces de luttes, carafe d'eau terminée, objets déplacés), un être qui n'est autre que lui-même, tout au moins sa part cachée et obscure, le narrateur du *Horla* de Maupassant s'en remet assez vite à l'hypothèse du somnambulisme.

On avait donc bu cette eau ? Qui ? Moi ? moi, sans doute ? Ce ne pouvait être que moi ? Alors, j'étais somnambule, je vivais, sans le savoir, de cette double vie mystérieuse qui fait douter s'il y a deux êtres en nous, ou si un être étranger, inconnaissable et invisible, anime, par moments, quand notre âme est engourdie, notre corps captif qui obéit à cet autre, comme à nous-mêmes, plus qu'à nous-mêmes.

Depuis le romantisme allemand de la fin du XVIIIe siècle, le somnambulisme s'est imposé comme une figure récurrente, mais souvent souterraine, de la littérature, qui continue de hanter les esprits avec dorénavant pour relais essentiel le cinéma. Il en est différemment question chez E.T.A. Hoffmann (*Les Vœux*, *Le Spectre fiancé*), Edgar Poe (*La Vérité sur le cas de M. Valdemar*, *Révélation magnétique*), Heinrich von Kleist (*Le Prince Friedrich von Homburg*, *Käthchen de Heilbronn*, *Penthésilée*),

Balzac (*Ursule Mirouët*, *Maître Cornélius*), Théophile Gautier (*Onuphrius*), Barbey D'Aurevilly (*Le Prêtre marié*), Alexandre Dumas (*Joseph Balsamo*), Guy de Maupassant (*Le Horla*) ou encore Gustav Meyrink (*La Nuit de Walpurgis*). La liste, on s'en doute, est loin d'être close. Et l'on pourrait pousser plus loin l'investigation en décelant la présence de cette maladie particulière chez chacun de ces auteurs, mais sous des formes différentes, inscrite en creux d'une littérature qui se déploie dans une zone intermédiaire entre la mort et la vie, le rêve et le réel, telle l'*Aurélia* de Nerval. Le remarquable en l'affaire est que ce phénomène médical sollicite également la science, la religion, la philosophie et l'art, qui, à travers lui, se nouent en une configuration complexe. Mais c'est comme un phénomène clinique (une crise ou une extase souvent assimilée à la catalepsie, ou parfois à une forme d'hébétude) qu'il en est alors question. Dans le récit de Gautier, *Onuphrius*, on découvre un parfait représentant de l'artiste romantique (superstitieux, hanté par ses rêves, également peintre et poète), dont l'attitude singulière rappelle celle d'un somnambule. Gautier écrit que ce peintre, à qui le diable joue des coups pendables, a sombré dans une forme de folie qui se manifeste par une insensibilité accrue aux sollicitations et aux agressions extérieures (ce thème est récurrent dans la littérature scientifique de l'époque). Ce personnage est comme devenu impénétrable au dehors, « on avait beau le frapper, le pincer (...), il était dans un état de somnambulisme et de catalepsie qui ne lui permettait pas de sentir même les baisers de Jacintha ». Si Gautier recourt presque spontanément à ce phénomène pour traduire l'état de folie d'un artiste romantique, outre la coloration germanique de ses récits, auquel ce type de maladie renvoie via Mesmer, c'est parce que le somnambulisme constitue bien souvent une version moderne de l'association antique entre la création et la folie du *Problème XXX* du pseudo-Aristote. On verra plus tard que le somnambule apparaît souvent comme un être intouchable, au sens propre comme au figuré.

Mais j'en reviens au récit de Maupassant qui met l'accent sur un point essentiel : la dualité inhérente à cette singulière « maladie ». Comme nombre d'auteurs de la fin du XIXe siècle, Maupassant connaissait les travaux de Charcot à la Salpêtrière sur l'hystérie et ceux de Bernheim à Nancy, qui ont marqué son écriture fantastique, et celle en particulier de ce *Horla*. Maupassant était au fait des récents développements de l'hypnose thérapeutique qui se développa sur le terrain du magnétisme, mais aussi de tout le théâtre de foire qui l'accompagnait parfois. Car en ce tournant de siècle scientiste, la somnambule cesse progressivement d'être perçue comme une pythie, une prophétesse ivre, poétique ou cruelle (à l'image de Lady Macbeth) pour assumer le rôle moins glorieux de folle et d'hystérique, comptable devant la science. Le mystère devient peu à peu un objet d'étude, et la (ou le) somnambule un *cas* sur lequel les médecins commencent à produire des théories. Pour autant, le partage entre les disciplines n'est pas tranché ni définitif, et c'est sans doute une des raisons d'être de la littérature que de nous rappeler cette amphibologie. Dans *Un Prêtre marié* de Barbey d'Aurevilly, roman paru en 1865, il est question dans les derniers chapitres d'une jeune femme, du nom de Calixte, qui se trouve être la proie de crises de catalepsie, aggravées de troubles somnambuliques, que personne ne parvient à expliquer. « Calixte ne sortait jamais de sa rigidité cataleptique pour rentrer, de plain-pied, dans la vie normale. Elle passait toujours par un état somnambulique intermédiaire, plus effrayant que la catalepsie elle-même, car

la catalepsie figure tout simplement la mort, qui est un phénomène naturel, tandis que le somnambulisme, où la mort
présente tous les caractères de la vie, et même d'une vie supé-
rieure, est le renversement de tous les phénomènes naturels,
du moins de ceux-là que nous connaissons. Une fois tombée en
somnambulisme, Calixte pouvait sortir de son lit et se livrer à
tous les actes incompréhensibles de cet état resté encore
jusqu'à cette heure, malgré le progrès de la science, si profondément mystérieux. » La suite du récit mettra en présence,
dans une manière d'allégorie (qui prolonge d'ailleurs un
épisode d'*Ursule Mirouët* de Balzac), un médecin sceptique
(lecteur de Montaigne), attentif à décrypter des « symptô-
mes », et un Abbé qui voit dans ces crises la manifestation de
tourments de l'âme. Mais, nous dit Barbey, l'Abbé Méautis se
prend à méditer, troublé, sur les révélations du médecin
concernant les séances de magnétisme, pratiquées par le
marquis de Puységur, qui se faisait fort d'amener à un degré
élevé de clairvoyance des êtres ordinaires, au terme d'une sorte
de nouvelle maïeutique : telle cette servante illettrée qui une
fois magnétisée parvenait à lire, les yeux fermés, un manuscrit
écrit en grec !

Dans le récit fantastique de Maupassant, *Le Horla*, paru
vingt-deux ans plus tard (en 1887), ce phénomène est convoqué
dans les premières pages pour bientôt céder la place à une
interrogation franchement surnaturelle. Cette affaire relève
pour Maupassant inséparablement d'une réalité clinique et
mystique. Le somnambulisme est le premier moment de la
manifestation pathologique de cette autre part de nous-mêmes,
que le romantisme allemand appelait déjà inconscient, et
parfois mémoire passive de l'involontaire. Si la dimension

clinique commence ainsi à prendre le pas sur la dimension prophétique du somnambulisme (proche de la folie créatrice), c'est donc sans l'exclure totalement. Le climat scientifique de l'aliénisme est ici propice à un mélange des genres, en l'occurrence à la mise en place d'une mystique médicale.

questions de rêve

Le somnambule rêve-t-il ? Là, en un sens, est la question qui détermine toutes les autres. Dans sa *Poétique de la rêverie*, Bachelard estime que le rêve n'appartient pas au sujet, c'est un stade neutre du moi qui nous dépossède totalement de notre puissance subjective : « Ah ! comment un Esprit peut-il se risquer à dormir ». La rêverie, davantage propice à une psychologie subjective, désigne en revanche un balancement entre le sujet et le monde, une attention flottante, où s'effrangent les choses dans une conscience accueillante. Une conscience en demi-teinte qui suspend cette activité volontaire par laquelle elle trace ordinairement des chemins dans le réel. Mais qu'en est-il du somnambule, l'endormi éveillé, l'agissant passif, qui ne rêvasse pas plus qu'il ne rêve ? Ou bien rêve-t-il ? et comment ? et comment le savoir puisqu'il oublie tout, et infiniment plus que le rêveur, qui peut, au moins à l'aide de mots, réinventer sa mémoire nocturne ? Et s'il rêve, est-ce là une maladie ? De quelle nature enfin seraient ce rêve et cette maladie entremêlés ? Théophile Gautier rapporte dans son *Histoire du romantisme* la singulière posture de son héros, Gérard de Nerval, haute figure de l'entrelacement du rêve et du réel. « Quelquefois on l'apercevait au coin d'une rue, le chapeau à la main, dans une sorte d'extase, absent évidemment du lieu où il se trouvait, ses yeux étoilés de lueurs bleues, ses légers cheveux blonds déjà un peu éclaircis faisant comme une fumée d'or sur son crâne de porcelaine, la coupe la plus parfaite qui ait jamais enfermé une cervelle humaine gravissant les spirales de quelque Babel intérieure. Quand nous le rencontrions ainsi absorbé, nous avions garde de l'aborder brusquement, de peur de le faire tomber du haut de son rêve comme un somnambule qu'on réveillerait en sursaut, se promenant les yeux fermés et profondément endormi sur le bord d'un toit. »

La « maladie » de Gérard, sur laquelle tant de choses savantes ont été dites et écrites, ne fut-elle pas cette façon singulière de se tenir sur une limite, un rebord, d'être tout entier ce bord-là par le biais duquel les deux mondes du rêve et de la vie, habituellement tenus à l'écart, tels l'envers et l'endroit d'une même feuille, viendraient à communiquer ? Mais cette « communication » est bien une maladie, comme le souligne le terme médical d'« épanchement » utilisé au commencement d'*Aurélia* ; l'« épanchement du songe dans la vie réelle ». Épanchement, écoulement, pleurésie, plaie ouverte.

*

Lendemain matin. Repris quelques forces. Je reste assez longuement devant l'arbre de la nuit dernière ; les ombres de ses branches désordonnées, et pour certaines coudées comme des zigzags, sont projetées sur le mur blanc d'une maison qui se transforme aussitôt en écran. Scène du rêve, écran de cinéma, tableau blanc. Si j'ai bien compris, les ombres sont sa doublure nocturne. Pourquoi Pierre Schlémihl, l'homme qui a vendu son ombre au diable dans le récit de Chamisso (et dont parle Gautier dans *Onuphrius*), est-il à ce point désespéré ? Qu'y a-t-il de si douloureusement inhumain dans le fait d'être sans ombre ? C'est une expérience contradictoire ; être sans ombre est être ici comme ailleurs, être un homme ordinaire et surnaturel, c'est encore passer sur Terre sans s'y inscrire. Dans ces conditions, Pierre Schlémihl est condamné à errer dans une sorte de jour perpétuel (il dort d'ailleurs de plus en plus mal) ; un exil épuisant et sans rêve.

obsessions de veilleur

Les vrais insomniaques ne rêvent pas, ou à peine, et c'est toute leur tragédie. Alors, avec fébrilité ou lassitude, ils tournent en rond en quête d'objets qui ressembleraient à du sommeil, et, parfois (quand ils ont de la chance), à des rêves. Il y a ceux qui sortent, noctambules définitifs, d'un bar l'autre, cherchant dans la fatigue, la distraction, ou dans une étreinte, l'épuisement qui donne sommeil. Adolescent, c'étaient les bords de Seine qui irrémédiablement m'attiraient, à cause de l'eau vague et des clapotis qui font voyager. L'étendue sombre était du sommeil ; les vaguelettes, des draps flottants et humides sous les ponts. J'aimais les lampadaires aussi. Souvent, je guettai ce moment frêle où les grosses ampoules s'allumaient à la pointe d'une aube naissante : lumière violette, puis jaune, avant d'être blanche. Et pour les insomniaques sédentaires, qu'est-ce qui ressemble à du rêve hors de soi ? Un livre. Parfois aussi un écran de télévision. Aussi pathétique qu'en soit le contenu, les émissions brillent dans ces moments-là d'un halo étrange : reportages surréalistes sur la pêche à la ligne, la chasse en Sologne, rediffusion d'émission de variétés qui, par l'effet du décalage horaire, apparaissent soudain venues d'un autre monde.

Dans *Le Lotissement du ciel*, Blaise Cendrars raconte ses nuits désormais impossibles, et créatrices, depuis qu'il a perdu son avant-bras droit à la guerre. Il s'invente des histoires dans ce qui devient *sa* nuit, une nuit unique qui s'étend sur ses jours,

35

dans une continuité épuisante. Il arrive à l'insomniaque d'halluciner le réel et de rêver tout haut et les yeux ouverts.

Mais j'ai toujours mal au moignon. Et pour ne pas gueuler jour et nuit, je me raconte toujours des histoires nègres. Et je ne rêve plus la nuit. J'en suis maître.

Et c'est ainsi qu'à soixante ans, comme un veilleur de nuit professionnel, je me trouve avoir quinze ans de sommeil de retard, dont les cinq dernières de la deuxième guerre mondiale et de l'occupation où, je puis bien le dire, je n'ai jamais fermé plus d'un œil à la fois, of course, péchère ! et à quoi il faut ajouter depuis, mes nuits d'écriture… D'où l'immense fatigue qui me tombe dessus et me compénètre du sommet du crâne à la pointe des pieds et à la rondeur des deux talons et me paralyse parfois des nuits entières devant ma machine à écrire, depuis que je me suis remis régulièrement à écrire, ce qui, paraît-il, n'est pas un mal, selon la pratique des yogis qui enseignent que le manque de sommeil, la fatigue et l'immobilité vous font voir clair et rapproché ce qui est trouble et éloigné dans l'inconscient.

la couleur des rêves

On le sait bien : raconter un rêve, c'est le perdre. Non que le rêve soit essentiellement indicible et rétif à la langue, mais il a ceci d'étrange et d'angoissant qu'il se délite à mesure qu'on s'emploie à en dérouler le scénario au grand jour. « Cette nuit, j'ai fait un drôle de rêve. J'ai rêvé que... », et bientôt l'on se retrouve avec des bribes de rêves, flocons, nuages, bouts d'icebergs égarés, qui nous donnent le manque à défaut du rêve même, ou, justement, le rêve comme manque, manque de lui-même et de tout ce qui s'y manifeste.

Le rêve partage en cela le sort de la pleine lune. Si éclatante et triomphante en sa nuit, dont elle était l'astre phare, elle vient presque échouer dans le jour, pour se dissoudre dans un coin de ciel, pâle et fantomatique souvenir d'elle-même. Elle sera bientôt ignorée par chacun (cachet d'aspirine dans le bleu du ciel, dit Nabokov).

Raconter un rêve revient en somme à introduire la logique de dissociation propre à l'état de veille, celle des concepts sépara-teurs et communs, qui nient doublement l'indivision de la substance du sujet rêvant, et la singularité de son expérience nocturne. La projection dans le champ onirique du travail de la parole consciente, qui divise et abstraie, a pour effet d'égarer les images du rêve, si frappantes auparavant, d'en déchirer le tissu.

Images de rêves – étranges kaléidoscopes de nos nuits.

Similitude du rêve avec une pellicule photographique ; si on ouvre le boîtier de son appareil sans avoir enroulé tout le film, la lumière extérieure voile tout.

La parole est la lumière qui divise.

Alors voir ? Si elles ne sont pas dicibles, sont-elles visibles ces images-là ? Et qu'est donc une image de rêve ? Un tableau surréaliste, un frottage à la manière de Max Ernst disant vouloir capter les hallucinations que lui procuraient la contemplation égarée d'un plancher, un jour de pluie, dans une chambre d'hôtel ? Un collage ? A moins qu'une image de rêve, comme le pense René Clair, ne soit qu'une « idée d'image », une représentation mentale, ce qui rendrait cette forme fantomatique et fuyante impossible à transposer ou à traduire dans une image physique objective (comme celle du cinéma) ? Cette « image » s'apparente-t-elle dès lors davantage à la production d'une imagination vigile, dont Sartre estime dans *L'Imaginaire* qu'elle n'est rien en soi, n'étant qu'une relation de la conscience à un objet ? L'« essentielle pauvreté » de l'image sartrienne, pure intentionnalité d'une conscience libre, dégagée de la glue du réel, manque toutefois la singularité du rêve, en l'occurrence le régime mixte, typique de l'onirique, sans sujet ni objet, premier plan ni arrière-fond. Freud nous aura appris que l'image de rêve est une réalité composite, ni purement signifiante ni purement visuelle, c'est un corps pensant ou une pensée physique.

Dans un bref dialogue de 1915, consacré à l'imagination, Benjamin saisit avec beaucoup plus d'acuité que Sartre, trop idéaliste abstrait ici, la qualité première des rêves : opérer l'identité de toutes les parties en présence. Telle est leur force de collusion et de condensation.

Je ne vois pas la couleur de mes rêves, car je suis le lieu de la vision et de la visitation. Je suis la palette de mes songes.

Georg : *C'étaient les couleurs de l'imagination, Margarethe.*

Margarethe : *Les couleurs de l'imagination, oui, c'était cela. Le paysage en était étincelant. Les montagnes, les arbres, les feuillages possédaient un nombre infini de couleurs. Un nombre infini de paysages. Comme si la nature elle-même s'éveillait dans les mille facettes de son état natif.*

Georg : *Je connais ces images de l'imagination. Je crois qu'elles sont en moi quand je peins. Je mélange les couleurs et je ne vois plus rien que la couleur. Je dirais presque que je suis couleur.*

Margarethe : *C'était ainsi dans mon rêve, je n'étais rien d'autre qu'un voir. Tous les autres sens étaient oubliés, avaient disparu. Moi-même je n'existais plus, ni mon entendement, qui déduit les choses des images de nos sens. Je n'étais pas quelqu'un qui voit, j'étais pur voir. Et ce que je voyais, Georg, ce n'étaient pas des choses, mais des couleurs. Et dans ce paysage, j'étais moi-même colorée.*

ciné-rêve

On a souvent souligné la difficulté qu'il y a à *dire* ses rêves, ou plutôt à les retrouver en les disant, à en restituer les qualités particulières, l'atmosphère, la spatialité étonnante, les enchaînements improbables, etc. Cette difficulté, ce décalage et ce désaccord tiennent ensemble à l'essentielle priorité onirique du voir et du visible sur l'énonciation et le *logos* ; si l'on y parle, ce sont des dialogues muets qui se déroulent, ou d'étranges pantomimes qui ont l'air de dire quelque chose, de hurler ou de signifier. Faut-il pour autant considérer avec Hegel, et quelques autres philosophes, que le rêve constitue un état originel de notre conscience, tout à la fois anté-prédicatif et pré-langagier ? Ou encore troquer le dire pour le voir ? L'exercice analytique d'interprétation des rêves repose sur la nécessaire conversion du visible en dicible, et dans ce passage quelque chose assurément se transforme et se perd, comme en tout exil. Mais il n'est pas sûr qu'il faille pour autant opposer les régimes du visible et du dicible. Tout d'abord, et comme le note J.-B. Pontalis, parce que les images de rêves supposent toujours une scène, un écran de projection et de représentation. Ainsi ce qui s'écrit, ou se présente comme tel, s'appuie pareillement sur un support, un écran minimal. « Le rêve est un rébus, soit ; mais pour inscrire le rébus, nous demandons quelque chose comme une feuille de papier ; pour reconstituer le puzzle, une mince plaque de carton. » S'il existe une « homologie très profonde », comme il l'écrit encore, « entre le travail du rêve et le travail du peintre », ce n'est pas seulement parce que les pensées du rêve sont transformées en images, mais bien parce que les pensées écrites et chiffrées se donnent à voir. La littérature en chiffre visible du rêve, en empreinte figurale.

La poésie et la littérature ont souvent proposé de prendre de vitesse le langage conscient, en court-circuitant ses habitudes et ses règles, ou de serrer au plus près le procès onirique. Non pas raconter ou dire un rêve, mais retrouver sa « logique » propre. Imitation du processus infini plutôt que du produit fini. Affaire de vitesse plutôt que d'école.

La force de certains manifestes ne tient pas à leur teneur de vérité, souvent faible, ou intimidante, ce qui est pire, mais à leur pouvoir poétique de *condensation*. Ils manifestent littéralement et verticalement ce qu'ils ont à dire. A l'opposé, en somme, de l'exposé qui dissocie et délite les intuitions. Tel le fragment n° 116 de *l'Athenäum* dû à Friedrich Schlegel ou la *Lettre du voyant* de Rimbaud. Court-circuitant les détours et les circonvolutions de la démonstration, preuve, système, exposé, ceux en somme de la pensée vigile, ils résument, simplifient (honteusement parfois), ramassent sans concession, autrement dit *condensent* à l'égal d'un rêve. On se souviendra que Freud dans *L'Interprétation des rêves* accorde une place majeure au phénomène de la condensation psychique (*Verdichtung*), qui se traduit ainsi : l'« élaboration de personnes collectives et de types mixtes est un des principaux moyens dont la condensation du rêve dispose ». On pourrait dès lors tenter de tracer une ligne reliant les rêves mixtes rapportés par Nerval dans *Aurélia*, au fameux procédé de combinaison des traits les plus remarquables des cinq vierges de Crotone de Zeuxis, jusqu'à cette écriture plastique et théorique d'une forme contradictoire propre à maints manifestes (les meilleurs d'entre eux). Les manifestes qui condensent des pensées offrent une réalité tout à la fois une et plurielle dans l'acte d'une combinatoire empirique.

J'envisage toujours avec admiration (car j'aimerais y croire entièrement) cette page manifeste d'Artaud, *Sorcellerie et cinéma* (1927), dans laquelle il affirme la nature essentiellement abstraite, car onirique, du film.

Le cinéma est essentiellement révélateur de toute une vie occulte avec laquelle il nous met directement en relation.[...] Le faire servir à raconter des histoires, une action extérieure, c'est se priver du meilleur de ses ressources, aller à l'encontre de son but le plus profond. [...] Le cinéma arrive à un tournant de la pensée humaine, à ce moment précis où le langage usé perd son pouvoir de symbole, où l'esprit est las du jeu des représentations. La pensée claire ne nous suffit pas. Elle situe un monde usé jusqu'à l'écœurement. Ce qui est clair est ce qui est immédiatement accessible, mais l'immédiatement accessible est ce qui sert d'écorce à la vie. Cette vie trop connue et qui a perdu tous ses symboles, on commence à s'apercevoir qu'elle n'est pas toute la vie. Et l'époque aujourd'hui est belle pour les sorciers et pour les saints, plus belle qu'elle n'a jamais été. Toute une substance insensible prend corps, cherche à atteindre la lumière ; le cinéma nous rapproche de cette substance-là. Si le cinéma n'est pas fait pour traduire les rêves ou tout ce qui dans la vie éveillée s'apparente au domaine des rêves, le cinéma n'existe pas. Rien ne le différencie du théâtre. Mais le cinéma, langage direct et rapide, n'a justement pas besoin d'une certaine logique lente et lourde pour vivre et prospérer. Le cinéma se rapprochera de plus en plus du fantastique, ce fantastique dont on s'aperçoit toujours plus qu'il est en réalité tout le réel, ou alors il ne vivra pas.

C'est dit sans détour : le cinéma n'imite pas, il rêve. S'il est un art susceptible de nous affranchir du règne de l'imitation idéale et narrative, ce doit bien être celui-ci. Les romantiques pensaient surtout que cette tâche revenait à la musique symphonique, ou instrumentale, et à la poésie. Artaud saisit d'emblée les images cinématographiques comme des symboles synthétiques et immédiats (faisant par exemple l'économie d'une iconologie). Dans ces conditions, le cinéma ne doit pas tant raconter une histoire qu'exprimer la « substance insensible » des rêves, des désirs et des fantasmes qui tendent à prendre corps.

(Lors d'une des séances de sommeil organisée par les Surréalistes, en 1922, Desnos, très bon sujet, prit un couteau pour pourchasser Eluard dans son jardin et lui faire la peau. Desnos dessinait, écrivait, et avalait aussi des pièces. Aragon écoutait le ton prophétique, messianique, révolutionnaire de celui que le manque de sommeil rendait hyper agressif. D'un commun accord, les surréalistes décidèrent que ces expériences devenaient trop dangereuses : des séances du sommeil, on passa donc à l'écriture automatique.)

Imaginons que le cinéma n'existe que pour capter les rêves, impressionner sur pellicule les formes fugitives et mobiles de nos songes. De là vient peut-être la hantise et l'obsession des corps dans les premiers jours du cinéma : car il fallait avant tout, et de façon urgente, retenir cette vie imaginative spontanée, aussi riche qu'elle était éphémère. Ce n'est pas seulement parce que le cinéma était encore muet, et que le besoin se faisait sentir de suppléer à ce manque par une pantomime, que le corps y tient un rôle si essentiel : je croirais volontiers que le corps visible répond à un problème platonicien, celui de la participation du monde sensible à une réalité qui ne l'est pas. A ceci près que le cinéma nous fait sortir de l'impasse de la copie et du modèle inaccessible, archétypal. Incroyable machinerie de corps symboliques et immédiats : les corps burlesques qui attirent les objets, tels des aimants furieux ou des tue-mouches, les bébés joufflus et emmitouflés dans des linges, que l'on se repasse de main en main, chez Chaplin ou Laurel et Hardy, comme des ballons de rugby (fureur des commencements ?), le corps diaphane du *Nosferatu* de Murnau, le vampire qui s'évanouit avec le jour, comme nos rêves. Et ces corps de somnambules errant et erratiques, bras tendus, ceux des zombies claudiquant, effrayants par leur lenteur désespérée, ou ces corps déglutis, sucés, recrachés par des monstres aux formes organiques démesurées et improbables de la science-fiction. Artaud nous le disait peut-être : *Toute une substance insensible prend corps, cherche à atteindre la lumière.*

L'analogie entre le cinéma qui fait vivre des images, se fondant les unes dans les autres, et le montage spontané et brutal des scénarios oniriques, n'est pas inédite. De même, les conditions de perception sont jusqu'à un certain point identiques ; vous entrez dans une salle dite obscure, la lumière s'éteint et vous gardez les yeux ouverts, ou vous les ouvrez autrement. L'écran devient la surface sensible où s'agrègent des fantasmes, ceux du réalisateur et les vôtres. Cette empathie peut s'avérer épuisante et vraiment ensorcelante. Le film d'Andy Warhol, *Sleep*, qui montre pendant près de six heures un homme en train de dormir, quasi immobile, avec des séquences qui tournent en boucle, est de ce point de vue l'anti-film onirique par excellence. On n'y entre pas, car c'est une surface impénétrable (comme sa peinture du reste), destinée à vous renvoyer dans le monde extérieur ; au mieux, un fond sonore de télévision.

Andy Warhol : « Oh, c'est un film où vous pouvez arriver à n'importe quel moment. Et vous pouvez vous promener et danser et chanter. »

Parmi les nombreuses tentatives cinématographiques de captation du rêve, certaines sont parfois maladroites, parce que trop externes, et insuffisamment attentives à cette substance insensible dont nous entretenait Artaud. Telle la scène de rêve peinte par Dali dans *Spellbound* (*La maison du Docteur Edwardes*, littéralement : l'ensorcelé, le magnétisé) d'Alfred Hitchcock. Trop bien construit, semé d'indices, le rêve possède ici une logique calquée sur celle d'un scénario policier. Il se déroule de plus exclusivement *dans* la tête de Gregory Peck, comme l'indiquent les gros plans réitérés sur son visage chaque fois qu'il reprend son récit de rêve. Cette séquence fameuse, comme une partie du cinéma d'Hitchcock, repose toutefois sur le parallèle, qui ne manque pas de pertinence, entre la cure psychanalytique et la résolution policière d'une énigme.

Il est vrai que la situation du cinéma post-freudien, si l'on peut dire, c'est-à-dire en gros celle de tout le cinéma, est pour le moins ambivalente. On retrouve ici, *mutatis mutandis*, l'ambiguïté de l'héritage négatif des arts plastiques après Platon, qu'évoque Panofsky, à la suite de Cassirer, au début d'*Idea* : un héritage bâti à partir d'un interdit, en l'occurrence d'un interdit de représentation. Ou comment Platon condamnant les arts de la forme, au nom de l'Idée divine, sans forme et en excès sur toute représentation, a créé indirectement un paradigme pour l'histoire de l'art : l'imitation idéale. Freud, quant à lui, et dans une moindre mesure, encore que les effets de cette résistance freudienne seraient à suivre, s'oppose assez sèchement au premier projet de film psychanalytique d'une compagnie allemande de l'époque (nous sommes en 1925) : le projet sera finalement confié à Pabst, le film s'intitule *Les Mystères d'une âme*. L'interdit freudien repose sur deux arguments principaux : les concepts trop abstraits de la psychanalyse ne peuvent faire l'objet d'une transposition plastique, et les processus inconscients et intimes qu'ils tentent de cerner restent imperméables à une transposition, tout ensemble publique (un spectacle), et extérieure (sur un écran superficiel). Patrick Lacoste a bien montré en quoi ce refus se complique chez Freud, dans la mesure où il est lui-même constamment attentif aux phénomènes plastiques, et aux processus de figuration, comme l'indique le problème de la prise en compte de la figurabilité (*Rücksicht auf die Darstellbarkeit*), inscrite au cœur de la formation des rêves. Quoiqu'il en soit des raisons de cet interdit, le cinéma se déploie *comme* à partir de lui, et dans sa transgression : il s'agit bien plus que de montrer à l'écran des rêves, mais plutôt d'instruire le procès intime de l'interdit et du refoulement, la libération de ses formes internes où toute une vie se joue. Le cinéma a exploré tout un versant de cette symbolisation de l'inconscient et des processus de blocage et de refoulement, en proposant la levée des drames, ou leur montée en puissance par la mise en scène de l'hypnose, présente aussi bien chez Fritz Lang et Robert Wiene que chez Arthur Robison (*Le Montreur d'ombres*), et plus tard, sur un mode comique, *Le Sortilège du Scorpion de Jade* de Woody Allen. Hitchcock également, parfois naïvement, mais moins qu'il n'y paraît, lorsqu'il propose dans *Pas de printemps pour Marnie* de rejouer une scène traumatique pour extérioriser le refoulé (et Balzac faisait la même chose dans cette étonnante nouvelle sur la défaite de la Bérézina, *Adieu*), et autrement Orson Wells avec *Citizen Kane* et le drame qui a nom *Rosebud*, etc.

Infiniment plus ambiguës que les rêves en carton-pâte de Dali, puisqu'elles débordent l'espace mental clos du sujet, sont les séquences de rêves qui prennent corps dans le monde et prennent à partie l'univers des choses ordinaires. Elles nous ramènent à notre interrogation sur les liens entre le rêve et la vie, soit ce qui fait l'objet d'une fantastique plus que de l'onirisme et du merveilleux. L'une des séquences les plus énigmatiques, en ce sens, est proposée par David Lynch dans *Mulholland Drive* : deux hommes sont attablés dans un snack. L'un d'eux raconte avoir déjà rêvé de cette même situation (lui assis, face à cet homme, qui se lève ensuite pour aller payer à la caisse et qui le regarde et puis, dehors, une chose effrayante va se produire). Le moment de payer arrive, l'homme en question se rend spontanément à la caisse et règle la note, puis il se retourne, subitement troublé, vers son ami. Où sont-ils à cet instant ? Dans quel entre-deux mondes ? Le rêve bascule dans l'ordinaire, l'envahit, et le monde devient aussitôt rêve, ou son écho persistant. Lynch retrouve ici le chiasme magique de Novalis au début du poème Astralis de la seconde partie d'*Henri d'Ofterdingen* : « Le monde devient rêve, le rêve devient monde. » Novalis, du reste, ne pose pas l'unité indivise du monde et du rêve, ou plus philosophiquement, de l'idéal et du réel ; c'est le chiasme évidemment qui fait tout le sens de cette formule ; l'entrelacs, la réversibilité, le jeu de basculement. Et d'ailleurs s'agit-il du même monde dans chaque membre de phrase (comme dans la scène de Lynch) ?

Le chiasme romantique n'est pas un simple déplacement, c'est une modification alternée des substances ; au final, tout a changé, et le monde et le rêve.

Ignaz-Vitalis Troxler, cité par Béguin : *Des signes assez nombreux nous avertissent que la psyché du sommeil reparaît par intermittences dans la veille, et qu'inversement la psyché diurne participe à la vie endormie.*

Hitchcock ne se contente toutefois pas d'opérer des greffes externes (bien que la scène incriminée de *Spellbound* se donne pour l'expression de l'intimité même). Deleuze note justement dans *L'Image-temps* que les vraies séquences oniriques sont ici tissées à même le film : elles en constituent la trame sourde, le dispositif narratif le plus intéressant, car elles mettent en œuvre des processus d'éclosion des images. On suit ainsi tout un jeu subtil d'associations visuelles (rainures des draps, traces des fourchettes sur une nappe, sillons de ski sur la neige...), qui écrivent au sein du monde l'histoire d'une scène primitive (la chute tragique du frère sur une pente de toit), vécue par ce faux psychiatre en quête d'identité.

Les scènes oniriques les plus frappantes chez Hitchcock ne se présentent toutefois pas immédiatement comme telles : j'aime beaucoup la façon dont il se saisit parfois de lieux publics (le musée où se rend régulièrement Madeleine dans *Vertigo*, la gare du premier plan de *Marnie*), pour les vider justement de tout public, ce qui revient à en faire des espaces proprement fantasmatiques, réels et pourtant imaginaires, des scènes du théâtre intime, et pourtant extérieur, de leur occupant.

Transférer le rêve au monde éveillé, tel était pourtant le projet initial d'Hitchcock pour son *Spellbound*, et il reste en un sens celui de tout son cinéma. « J'aurais voulu tourner les rêves de

Dali en extérieurs afin que tout soit inondé de soleil et devienne terriblement aigu, mais on m'a refusé cela et j'ai dû tourner le rêve en studio. » Ce désir de transplanter le rêve en plein soleil (mes films, dit Hitchcock à Truffaut, sont « des rêveries de jour ») est à l'origine de l'étrange beauté de certaines séquences ; ainsi l'attente de Gary Grant dans le désert de *North by Northwest*, les hallucinations vraies de James Stewart dans *Vertigo*.

(Rêve récurrent pendant quelques années (reviendra-t-il ?), et qui bizarrement résiste à l'épreuve des mots et de la lumière externe : je suis sur un immense fleuve, très large, et peu profond que je descends dans une sorte de pirogue basse, pendant des kilomètres, avec beaucoup de virages, parfois mortels. Il ne se passe rien d'autre. Il y a bien cette vaste forêt, tout autour, avec ses trouées de lumière entre des branches d'arbres, aussi complexes que des racines. Mais ce n'est pas très important. Tout se déroule en noir et blanc. Je glisse simplement de plus en plus vite. Mais je ne saurais dire pour autant que je suis l'auteur de cette scène. La scène du rêve ignorant l'intentionnalité, ce sont les choses même qui se produisent et se déroulent. Et le moi est l'une de ces choses. Mais une chose qui me colle étrangement à la peau. Et tout est *dehors*.)

un cri dans la nuit

Souvent je m'éveille en pleine nuit à cause d'un cri. Un cri que je n'arrive pas à pousser. Et c'est le poids physique de ce non-cri qui m'oppresse. Il accompagne à chaque fois des cauchemars de rupture et de séparation. Ce sont les seuls cauchemars que je connaisse. Quand la situation se précise, je sens nettement que le piège est en train de se refermer, et c'est alors que le cri commence. Je ne veux pas crier parce que j'ai peur, du moins ce n'est pas à cela que renvoie cette demande, j'essaie de crier pour m'échapper et sortir par le haut du pays marécageux et opaque des cauchemars. Mais il reste collé au fond de mon palais, lui, le cri, coincé dans ma gorge terreuse. A cet instant, je suis ancien et primitif comme un animal de préhistoire. Oui, vraiment, plus antérieur à moi-même que moi-même. Quelque chose veut sortir le cri, sortir avec lui, mais je suis écrasé, la poitrine lourde, nageur au fond d'une piscine, incapable de remonter, tandis que le monde tremblote à la surface, reflet, des arbres, silhouettes qui discutent, échos assourdis des voix, mais toute la masse d'eau presse et pousse en sens inverse pour me refouler dans cette solitude définitive. Alors j'y mets tout ce que j'ai de corps, et le cri remonte, lentement, très lentement, l'eau se met à bouillonner un peu partout, à tourbillonner alentour, la vision se brouille, ça y est presque, et, comme deux ailes, ma poitrine s'entrouvre sur... ; sur le lit, souvent, sa main me secoue doucement, « du calme, du calme », dit-elle, et j'ai à peine le temps d'entendre le bizarre gémissement que je pousse toujours à cet instant.

cauchemar, rideau et écran

La fameuse scène de la douche dans *Psychose*, qui dure à peine une minute, et nécessita une semaine de tournage. Anthony Perkins dit à ce propos que l'on ne voit rien, tout étant suggéré. « Toute la violence qu'elle contient vient de ce que le public imagine, plutôt que de ce qui se déroule réellement à l'écran. » Cet écran justement est surtout celui du rideau de douche, violement déchiré par le couteau démesuré de Norman Bates. Il existe un autre écran déchiré dans une célèbre représentation de cauchemar, c'est celui du rideau de fond dans le *Cauchemar* de Füssli. Le cheval sur lequel voyage l'incube, qui oppresse la poitrine de la dormeuse, passe sa grosse tête aux yeux révulsés par le rideau, qu'il déchire de ce simple fait. L'angoisse dans les deux cas *passe* littéralement en déchirant ou en crevant un voile d'apparence.

D'une autre façon, et dans une manière de traversée libératrice des apparences, le détective amateur, amoureux déçu, et éconduit, qu'est Buster Keaton dans *Sherlock Junior*, passe à l'intérieur de l'écran de la salle de cinéma dont il est l'étrange projectionniste. Il se retrouve aux commandes d'un scénario rêvé, dans lequel il devient surpuissant, totalement impénétrable aux obstacles qui se dressent sur sa route. Au cours de ce film, il ne cesse d'ailleurs de franchir des seuils : une très haute voiture qui fonce droit sur lui, dans une collision qui semble inévitable, a en fait la forme d'un tunnel creux qu'il traverse sans problème perché sur le guidon d'une mobylette dont le conducteur a été depuis longtemps éjecté. Poursuivi par des bandits, il s'échappe ensuite en bondissant par une fenêtre dans une sorte de toile de cirque, dont il ressort déguisé en femme, puis, une seconde fois, en sautant dans le corps de son acolyte qui a placé cette toile devant son ventre.

Quand l'écran devient seuil : pourquoi dit-on spontanément que les personnages représentés de dos chez Friedrich *regardent* le paysage devant eux, alors que la plupart du temps rien ne permet de l'assurer (sinon l'analogie avec notre position de regardeur que ce dispositif sollicite) ? Peut-être ont-ils les yeux fermés et rêvent-ils ? Peut-être encore se sont-ils levés nuitamment, comme des somnambules, pour se perdre là, hébétés.

Souvenir d'une ancienne rupture difficile. A bout d'argument, et incapable de dire notre inadéquation, je sortais chaque nuit vers les trois heures pour marcher des heures durant dans la ville. Déjà épuisé par les disputes interminables, où chacun voulait prouver quelque chose à l'autre (quoi déjà ?), je m'enivrais encore de fatigue pour ne plus rien sentir, anesthésier mon mal, enrayer la machine qui tournait à vide dans mon crâne. Je franchissais le Pont aux Changes, le Pont Marie ou le Pont de Sully. Je marchais sans m'arrêter, parfois jusqu'à la Gare de Lyon, et surtout *sans but*. J'étais déjà somnambule, un somnambule lucide, si je puis dire, marcheur enragé, veilleur obsessionnel. Au bout de la fatigue, il y avait un état de tremblement et de perte de soi, comme un mauvais sommeil.
J'avais peur de l'inévitable.
Pour ne pas perdre cette femme, je croyais naïvement qu'il ne fallait pas dormir.
Quand je rentrai, des heures après, souvent grelottant de froid, elle dormait toujours.

marche, errance, déambulation

Les somnambules et les zombies ont au moins deux points communs : ils proviennent de la nuit ou du sommeil (définitif pour ces derniers), et ils marchent. *Nachtwandler, sleepwalker.* Marcher pendant le sommeil, errer dans la nuit. Les seconds ont essentiellement faim de nous, quand les premiers nous ignorent à peu près. Les somnambules marchent avec une certaine détermination, mais sans claire conscience de leurs actes, aussi ont-ils un comportement proche de celui d'un automate mu par une force ou une puissance étrangère. Et cependant, leurs agissements sont, jusqu'à un certain point, comparables à ceux de la veille, qu'ils paraissent presque imiter ou caricaturer. Il s'agit à la fois de spectres possédés, inquiétants, et de caricaturistes involontaires de notre réalité ; ils révèlent des vérités profondes, des angoisses (la tache de sang que Lady Macbeth veut effacer, elle qui a poussé son mari à verser toujours plus de sang), et ils semblent toutefois parodier nos gestes ordinaires. Mais d'abord, les somnambules passent.

Le Médecin. — *J'ai veillé deux nuits avec vous, mais je ne puis découvrir aucune vérité dans votre récit. Quand s'est-elle ainsi promenée pour la dernière fois ?*
La Dame. — *Depuis que Sa Majesté est entrée en campagne, je l'ai vue se lever de son lit, jeter sur elle sa robe de nuit, ouvrir son appartement, prendre du papier, le plier, écrire dessus, le lire, ensuite le sceller et retourner au lit ; tout cela pourtant dans le plus profond sommeil.*

Le Médecin. – *Cela annonce un grand désordre de la nature que de recevoir ainsi les bienfaits du sommeil et d'agir comme en état de veille ! Dans cette agitation endormie, outre ses promenades et autres actes réels, par moment, que lui avez-vous entendu dire ?*

La Dame. – *Ce que je ne veux pas répéter après elle, Monsieur…*

Le Médecin. – *Vous le pouvez à moi, il est même très utile que vous le fassiez.*

La Dame. – *Ni à vous ni à personne, n'ayant pas de témoin pour confirmer mes paroles.*

Entre lady Macbeth avec un flambeau.

Tenez, la voici qui vient ! C'est bien sa façon ; et, sur ma vie, profondément endormie. Observez-là : dissimulez-vous…

Le Médecin. – *Comment s'est-elle procuré cette lumière ?*

La Dame. – *Mais, elle était à côté d'elle ; elle a de la lumière près d'elle continuellement ; c'est son ordre.*

Le Médecin. – *Vous voyez, ses yeux sont ouverts.*

La Dame. – *Oui, mais leur sens est fermé…*

Regardez le tableau de Füssli un instant. Le médecin simiesque guette dans un coin, la dame de compagnie, légèrement dépoitraillée, n'en croit pas ses yeux, à voir sa mine allongée. Lady Macbeth, immédiatement sublime, est une force ivre qui tient debout. Paradoxe. Les grandes œuvres ont toujours quelque chose de paradoxal, ce sont des oxymores, des contradictions vives. Ainsi *La Mer de glace* de Friedrich, œuvre de désolation, violence, fracas, et unité dans le désordre, douceur des couleurs, rêverie indéfinie, énigmatique en tout point, car ce bloc aux multiples arêtes est une sculpture abstraite plantée dans un faux décor de théâtre. Lady Macbeth est intensément rousse, elle tient son flambeau, grésillant de sang, tel un poignard. Ses yeux de terreur nous regardent, égarés par le mouvement qui l'emporte. Mais elle tient, et tiendra encore un peu, sa main gauche, majeur et index tendus à la verticale du mur, est une décision et comme la parodie involontaire du signe christique de la bénédiction. C'est cette main de droiture et de meurtre qui emporte inexorablement son corps voluptueux, cheveux en pagaille, yeux perdus, dans son tourbillon de folie.

L'une des premières apparitions cinématographiques de zombie nous est offerte par Jacques Tourner dans un beau film de 1943, *Vaudou*. Le titre original, bien plus intéressant, est fourni par la première phrase du film (qu'on entend en voix *off*) : *I walked with a zombie*. Le zombie appartient à l'univers religieux et mythologique du vaudou haïtien, comme l'a montré l'ethnologue Alfred Métraux. Le zombie des rites vaudous est un mort ramené à la vie par le prêtre (*Houngan*) qui place le mort-vivant en état d'esclavage. Ce retour à la vie faisait souvent l'objet d'une mise en scène : les soit disants morts étaient en réalité enterrés vivants, après avoir été drogués et placés dans une forme de comas léthargique. Il ne restait plus qu'à les faire « renaître ». C'est en partie sur cette superstition que repose le scénario du *White Zombie* (1932), premier film du genre, du à Victor Halperin. On y voit une jeune femme, droguée au moment de son mariage par un amant éconduit. Elle sera enterrée, puis livrée, une fois zombifiée, à cet homme bientôt désespéré d'aimer un cadavre ambulant. A bien des égards, le zombisme constitue une sorte de régression, de malédiction, puisqu'il ramène les hommes à leur condition d'esclaves, auquel le vaudou tente de les arracher (ou à un esclavage érotique). On se souviendra que le vaudou est une religion syncrétique, un mélange d'animisme et de christianisme, qui émerge dans les Antilles à la fin du XVIIᵉ siècle avec l'arrivée des premiers esclaves d'Afrique noire au moment du commerce triangulaire. Métraux le caractérise en ces termes : « L'étincelle de vie que le sorcier réveille dans le cadavre ne le rend pas entièrement à la société des hommes. Le *zombi* demeure dans cette zone brumeuse qui sépare la vie de la mort. Il se meut, mange, entend, parle même, mais n'a pas de souvenir et n'est pas conscient de son état. Le *zombi* est une bête de somme que son maître exploite sans merci, le forçant à travailler dans ses champs, l'accablant de besogne, ne lui ménageant pas les coups de fouet et ne le nourrissant que d'aliments insipides. L'existence des *zombi* vaut, sur le plan mythique, celle des anciens esclaves de Saint-Domingue. (…) On reconnaît les *zombi* à leur air absent, à leurs yeux éteints, presque vitreux et, surtout, à l'intonation nasale de leur voix, particularité également propre aux Guédé, génies de la mort. » Le zombie, ou mort-vivant, possède comme on voit quelques-uns des traits principaux du somnambule (situation ambiguë, présence-absence, inconscience, absence de souvenir, regard vague), et jusqu'à la soumission qui caractérise souvent la situation du magnétisé à l'égard de son maître.

Le film de Tourner traite l'esclavage du zombie comme une forme de somnambulisme rituel. Il offre quelques belles scènes de marche ; dans l'une d'elles, le *Houngan* agit à distance sur l'héroïne catatonique, Jessica, qu'il s'efforce de captiver, en envoûtant une petite poupée qu'il tire à lui avec un fil. On retrouve ici tout le pouvoir magnétique de l'aimantation à distance. Cette zombie est encore une somnambule captive et « artificielle » (contrairement à Lady Macbeth qui appartient à la catégorie des somnambules dits « naturels » et spontanés). Ce déplacement ritualisé constitue en un sens la terreur très singulière que suscitent ces figures de la monstruosité ordinaire.

Car ce qui est vraiment effrayant avec les zombies, ceux qui émergent dans les années 1970, ce n'est pas seulement qu'ils aient faim et se nourrissent à pleine main dans la bouche, la poitrine ou le crâne de leur congénère, car cela c'est plutôt le folklore, le grand guignol. (Notons que ce cannibalisme spontané est en fait assez éloigné de la forme haïtienne du zombisme, les zombies, selon Métraux, sont parfaitement dociles, sauf quand on leur donne à manger du sel, ou des aliments salés. C'est à cet instant qu'ils entrent en colère et se vengent de la situation qu'ils ont subie.) Ces zombies cinématographiques font surtout peur quand ils *marchent*. Car ils ne courent pas, ce serait presque une aberration, qui reviendrait à les doter d'une trop forte dose de volition. Et s'ils couraient, la lutte avec les vivants serait égale ; ils nous ressembleraient et sans doute finiraient, eux aussi, par s'épuiser.

Le zombie marche péniblement, il avance en claudiquant, de ce pas lent et légèrement titubant, souvent mis en scène par George Romero, depuis son premier (et meilleur) opus, *Night of the living dead* (1968), jusqu'au récent *Land of the dead* (2005), en passant par les deux autres titres de sa saga, *Dawn of the dead* (1978), et *Day of the Dead* (1985). Nuit, aube, jour et terre, la trilogie des zombies, devenue tétralogie, se présente ainsi comme la queue de comète du romantisme allemand, dont le programme essentiel fut justement d'opérer une progressive diffusion de la nuit (des rêves et des cauchemars) dans le jour et le monde réel[1].

Le zombie n'a de prime abord rien d'une bête féroce, son corps est mou, offre peu de résistance, comme une poupée sans vie ou, plus exactement, une poupée qui s'éveille lentement à la vie. Cette démarche traînante qui, en toute logique, devrait donner aux vivants pris en chasse le temps de prendre la fuite, est paradoxalement ce qu'il y a ici d'effrayant ; elle devient synonyme de l'inéluctabilité d'un destin. Moins leur pas est rapide, plus il est fatal. Le diable lui-même est un grand boiteux. Et lors même qu'une route de trois cents mètres nous séparerait d'une armée de zombies en marche, ils paraissent nous avoir déjà atteints, dès qu'ils commencent à traîner les pieds sur le bitume. Il y a assurément quelque chose de curieux à produire ainsi des monstres *traînards*, comme s'ils prenaient à rebours, ou plutôt au ralenti, le grand rêve américain, qui est devenu celui de toute la planète industrialisée, à savoir, la ruée, le *Rush*. Ruée vers l'or, le travail, les télécommunications, les loisirs. Qu'importe l'objet, tant qu'il permet la ruée. Les zombies sont des nomades égarés et délaissés par ce monde rapide et mobile ; ils n'arrivent pas à réintégrer sa cadence, à entrer dans son rythme, à se mettre au pas. S'il fallait leur trouver des modèles, ils se situeraient du côté des *hippies* et des *punks*, dont ils sont la rencontre improbable. Hippies par leur art consommé du laisser aller (vestimentaire), l'amour immense qu'ils nous portent (!), leur cadence *cool*, propre à inquiéter les stressés que nous sommes, mais évidemment

1. En attendant *Diary of the Dead*, où le réalisateur interroge l'utilisation contemporaine des images.

punks, car pour les zombies la seule loi qui vaille est celle du *no future*. Les zombies symbolisent l'envers du rêve américain et de sa frénésie consumériste, qu'ils parodient de multiples façons. Je pense à tel scène de *Dawn of the dead* qui se déroule dans un supermarché, dont les images atroces de cannibalisme sont commentés en *off* comme s'il s'agissait d'un reportage sur les méfaits de la société de consommation : zombies et consommateurs devenant des figures interchangeables, égarés dans ces labyrinthes modernes que sont les grandes surfaces, hagards et affamés de consommation, plus encore que de réelle nourriture.

En somme, que le registre relève de l'horreur pure ou du grotesque, et souvent les deux ensemble (chez Lucio Fulcci par exemple), les zombies sont les seules figures intégralement *politiques* de l'horreur : ils ne suscitent aucun attachement ni fantasme d'ordre sentimental (différents en cela de la créature de Frankenstein et du monstre amoureux de la *Belle et la Bête*). Esclaves d'abord, puis affranchis, les zombies deviennent parfois aussi les animaux de compagnie de consommateurs désœuvrés. Leur vie, au ras du réel, tout comme leur mode tribal d'existence soulèvent des questions contemporaines qui traversent aussi le cinéma : Qu'est-ce qu'une frontière et un territoire ? Comment faire la guerre avec un ennemi intérieur ? La mort de Dieu est-elle autre chose qu'une maladie infectieuse ?

labyrinthes

La scène finale de *The Shining* de Stanley Kubrick : Nicholson ne parvient plus à dormir. Il confond rêve et réalité et se retrouve quelque part entre le somnambule (baba cool hagard au sortir d'un trip), et le mort-vivant (version punk enragé). Cette dernière nuit, il poursuit son fils, Danny, dans un labyrinthe végétal recouvert de neige. La hache pendant au bout de son bras, il hurle son nom, avance péniblement, se traîne dans les sillons de neige, et ralentit peu à peu sa course qui n'en devient que plus effrayante et obsédante. L'effroi très singulier que suscite cette lenteur tient également à son inscription dans cet ultime labyrinthe, qui est ici la structure et comme la forme du film tout entier. On ne sort pas indemne d'un labyrinthe, voilà ce que martèle chaque pas en s'enfonçant davantage dans la neige : le propre du labyrinthe est d'être une figure obsessionnelle de l'itération, un éternel retour du même qui semble déjouer toute différence, alors qu'il travaille à la multiplier de façon perverse, en créant des sortes d'échos visibles dans le réel, des poches et des creux. Mais le labyrinthe a surtout ceci d'effrayant qu'il prend au piège le processus même de la marche. La marche n'y relève pas d'un acte volontaire (comme lorsqu'on sort de chez soi pour se rendre à un rendez-vous), elle n'est pas davantage une errance ou une flânerie baudelairienne, qui viendrait décaler poétiquement et politiquement le rythme des grandes mégapoles modernes. Comme si les figures militantes de la déterritorialisation et de la reterritorialisation, de la fuite et de l'inscription dans un pouvoir, étaient également prises en défaut. Le labyrinthe produit une double impossibilité : celle de la marche finalisée et de la flânerie rêveuse, sa caractéristique majeure étant justement de les convoquer toutes deux pour les affoler. Après avoir joué quelques instants à se perdre dans un labyrinthe, l'on est conduit, et comme sommé, par sa structure géométrique précise, à avancer vers un but déterminé, lequel se dérobe pourtant au fur et à mesure. S'engage alors une sorte de déplacement précis et vertigineux, une progression tout à la fois décalée et centrée, qui sécrète chez son provisoire occupant une ivresse, un vertige intérieur et horizontal.

Le labyrinthe dans lequel tourne et traîne Jack Nicholson, celui qui en un sens fait tout basculer, n'est pas seulement figuré par les motifs géométriques de la moquette de l'hôtel, ou par la maquette de ce labyrinthe végétal final, qui apparaît en un plan, il est principalement condensé dans ce livre dont il a entrepris l'écriture. Ce n'est pas l'angoisse de la page blanche et de l'impossible commencement qui saisit ici l'écrivain. Nicholson n'est pas davantage l'homme du désœuvrement blanchotien, qui médite l'impossibilité de faire œuvre en tant qu'œuvre ; il est plutôt celui de l'impasse d'un monde simultanément mobile et productif. Son « pétage de plomb » dit quelque chose de la folie contemporaine. Puisqu'il est chargé d'une tâche irréelle et qu'il a pour travail une absence de travail (le gardiennage d'un hôtel vide et inaccessible), il tourne littéralement en rond. La non-productivité marchande n'engendre pas une dérive de nature situationniste, qui a besoin d'un monde productif pour s'affirmer, mais l'enfermement autarcique du sujet prisonnier de ses réflexes : le livre qu'il écrit dit cette aporie effrayante de la surproduction et de l'hypermobilité confondues, qui patinent et tournent en boucle. Livre-boucle sur lequel la même phrase est répétée de page en page, suivant des variations typographiques ; où le même construit des figures de différences aporétiques, c'est ce livre en somme qui est le véritable labyrinthe. Livre de l'emballement d'une activité sans objet. *All work and no play makes Jack a dull boy* : c'est bien là que surgit toute la folie géométrique de Jack, prisonnier de son labyrinthe mental. Tout ce travail et aucune issue !

Dans *La Nuit de Walpurgis* de Gustav Meyrink, l'on voit surgir, dans les premières pages, un somnambule qui erre nuitamment sur le rebord du mur d'enceinte d'un parc, puis il chute dans le jardin du Comte. On le fait chercher. Le médecin se penche sur lui : « A ce que je peux en juger (…), il s'agit d'un cas de somnambulisme. Les malades de ce genre ont coutume d'être saisis, au moment de la pleine lune, par une irrépressible envie d'aller faire une promenade, au cours de laquelle ils commettent toutes sortes d'actions étranges sans en avoir conscience, escaladent les arbres, les murs, les maisons, et souvent marchent sur des passages très étroits, à une hauteur vertigineuse, comme par exemple des corniches, avec une assurance dont ils n'auraient certainement pas fait preuve en état de veille… Holà ! Zrcadlo ! dit-il en s'adressant au malade, est-ce que vous croyez que vous êtes capable de rentrer chez vous à pied ? Le lunatique ne répondit pas. Malgré cela, il semblait qu'il eût entendu la question, à défaut de l'avoir comprise. Il tourna en effet lentement la tête vers le médecin de la Cour et le dévisagea de ses yeux vides et immobiles. »

La littérature scientifique ou romanesque souligne souvent à quel point les somnambules sont casse-cou et disposés à prendre des risques inédits, ce qui permet naturellement de souligner leur degré d'inconscience. Il s'agit aussi de montrer que ces êtres ambigus errent en équilibre sur une frontière qui coupe, et relie également, les deux mondes du jour et de la nuit, de la veille et du sommeil, de la vie et de la mort. Ils sont souvent représentés au bord d'une corniche, d'un précipice, sur une ligne frôlant un abîme, comme s'ils testaient incessamment cette limite-là, et avec elle le vertige de leur situation. Dans le *Prêtre marié* de Barbey d'Aurevilly se lisait également ceci concernant la cataleptique somnambule, Calixte Sombreval : « Vous vous rappelez qu'un soir on l'avait surprise sur les bords de l'étang, pieds nus, marchant où tout être humain, réduit à ses seules forces naturelles, aurait glissé et serait tombé au fond du gouffre. Une autre fois, on l'avait aperçue escaladant les murs du château et se risquant, avec une lucide adresse, sur cette ligne, étroite comme une corde, que forment, en se rejoignant, les deux côtés du toit, adossés l'un à l'autre, entre les cheminées et les girouettes … »

J'ai soudain devant les yeux la jeune fille qui se redresse et sort de son lit, dans le *Nosferatu* de Murnau : elle tend les bras, comme pour rejoindre son fiancé endormi, sur lequel glisse l'inquiétante ombre du vampire (Max Schreck, le bien nommé). Elle s'avance dans une robe de chambre légère, bouffante, sorte de taffetas, de gaze aérienne, et se met à marcher sur le rebord de son balcon, avant de s'évanouir dans les bras d'un homme qui se précipite.

On dit souvent qu'il ne faut pas réveiller un somnambule, car le contact brutal avec notre monde pourrait bien être à l'origine de lourds dégâts psychiques et provoquer de violentes crises. Mais l'homme n'est guère philanthrope ; il craint surtout la contagion mystérieuse de ce monde parallèle au sien. L'apparition des somnambules s'accompagne le plus souvent d'une inquiétude presque superstitieuse. Dans le *Spectre fiancé* d'Hoffmann, lorsque la jeune fille pressent la venue de son fiancé :

Angélique murmurait des paroles que personne ne pouvait comprendre. Le médecin ne souffrit pas qu'on la déshabillât, il ne permit pas même qu'on la délivrât de ses gants ; le moindre attouchement pouvait lui devenir funeste.

Tout à coup, Angélique ouvrit les yeux, se releva, et s'écria d'une voix retentissante : il est là. Il est là ! Puis elle s'élança vers la porte du salon qu'elle ouvrit avec violence, traversa les antichambres, et franchit les degrés avec une rapidité sans égale.

— Elle a perdu l'esprit ! O Dieu du ciel ! elle a perdu l'esprit ! s'écria sa mère.

— Non, non, rassurez-vous dit le médecin ; ce n'est point de la folie ; mais il se passe quelque chose d'extraordinaire. Et il s'élança sur les pas de la jeune fille.

Il vit Angélique passer comme un trait la porte du château et courir sur la route, les bras étendus ; son riche voile de dentelle et ses cheveux, qui s'étaient détachés, flottaient au grè du vent.

Parmi mes premiers rêves d'écriture, il en est un qui a accompagné mon adolescence : j'imaginais d'écrire un roman dont le personnage central, pour une raison que j'ignorais parfaitement, était incapable de toucher les objets environnants. Tel un funambule, ou un équilibriste, il aurait dû vivre en ce monde sans y être tout à fait, acteur impuissant, irréel, plongé toutefois dans le bain des choses « vraies », qui se dressaient incessamment et dangereusement sur sa route, comme des lames de couteaux. Cette étrange situation ne nécessitait aucune histoire (c'était sa beauté) ; et naturellement, je n'en écrivis pas une ligne, ce qui aurait été une trahison.

C'en en lisant le *Peter Ibbetson* de George Du Maurier que ce fantasme d'adolescent m'apparut pour ce qu'il était authentiquement : la prescience du « rêver vrai » ! Peter Ibbetson découvre en effet que la condition majeure des rêves vrais est que le dormeur éveillé en son rêve ne touche aucun objet. Faute de quoi l'extraordinaire netteté perceptive qui caractérise ces séquences oniriques menace de se brouiller et de sombrer en un rêve ordinaire et banal, où tous les éléments se confondent indistinctement. « Une chose à laquelle vous devez aussi faire attention, c'est à la façon dont vous percevez les choses et les gens ; vous pouvez les entendre, les voir et les sentir ; mais vous ne devez pas les toucher ni cueillir des fleurs ou des feuilles, ni changer les choses de place. Cela trouble le rêve comme la buée sur une vitre. Je ne sais pourquoi, mais c'est ainsi. »

une énigme kantienne :
la raison somnambule

Il faut être attentif, et peut-être même plus encore, lorsque Kant nomme la profondeur (abîme, gouffre, racine), car elle renvoie chaque fois à quelque chose qui ne peut être absorbée par l'entreprise critique, ni par le désir architectonique qui anime son œuvre. En plusieurs points nodaux de ses textes, et des plus importants, on a la surprise de découvrir un Kant désignant lui-même, et quoiqu'il lui en coûte, des lieux profonds, tissus de contradictions et de problèmes, que souvent il laisse en l'état. Ainsi, et sans prétendre en dresser une liste complète, les *Fondements de la métaphysique des mœurs*, embrayant sur un mot d'ordre piétiste, nous avertissent que l'on ne peut jamais pénétrer les motifs ultimes d'une action, ce qui grève lourdement la valeur d'une bonne action : « [...] nous ne pourrons jamais, même par l'examen le plus rigoureux, pénétrer entièrement jusqu'aux mobiles secrets de nos actes ; or, quand il s'agit de valeur morale, l'essentiel n'est point dans les actions, que l'on voit, mais dans ces principes intérieurs des actions, que l'on ne voit pas ». La connaissance de soi est une descente aux enfers, affirme-t-il également. Dans la profondeur réside l'opacité des motifs pratiques, mais aussi la source « occulte » de notre savoir, celle de nos deux facultés hétérogènes de connaissance : l'intuition et l'entendement. Ainsi l'imagination schématisante et médiatrice se présente dans la *Critique de la raison pure*, comme un « art caché ». « Ce schématisme de l'entendement pur, en vue des phénomènes et de leur simple forme, est un art caché dans les profondeurs de l'âme humaine, et dont nous aurons de la peine à arracher à la nature les secrets du fonctionnement pour les mettre à découvert sous les yeux. » Quant au lien, décisif, car de lui dépend la clôture systématique de toute l'entreprise critique, entre la théorie et la pratique, à l'interroger, Kant découvre en vérité un « abîme », un « gouffre incommensurable entre la nature et la liberté », ainsi qu'il l'écrit dans la préface de la *Critique de la faculté de juger*, retardant indéfiniment cette clôture.

On se dit alors qu'il faut réexaminer la place du rêve dans le criticisme kantien, et certains s'y sont risqués. Car si l'abyssal perce sous la possibilité de la connaissance et de l'action, en d'autres termes, si le transcendantal est hanté par le secret (celui de la Chose en soi = X), à plus forte raison, on serait en droit d'attendre du rêve, dont Kant, on l'a vu en commençant, souligne le caractère inexplicable, qu'il symbolise cette tendance lourde au secret, caché dans l'équilibre du tout. Kant, qui se méfie du sommeil en sa vieillesse, pour des raisons pratiques, et n'accorde apparemment au rêve qu'une valeur physiologique, a en effet médité et interrogé la profondeur du sommeil. Mais ce qu'il en dit ne manque pas de surprendre.

Dans ses écrits pré-critiques (j'en retiens ici deux principales occurrences), il revient à plusieurs reprises sur le problème désormais classique du partage entre la veille et le sommeil, soit encore le jour et la nuit, la raison éclairante et l'obscurité. L'exercice critique et rationnel de la pensée semble de prime abord indissociable de la lucidité et de l'éveil. On serait donc enclin à tenir le sommeil pour le lieu même des représentations obscures. Obscures, en vérité, au regard de la veille et de la lucidité. Mais est-ce là une preuve suffisante de leur réelle obscurité ? Autrement dit, comme le remarque Kant en 1763 dans sa *Recherche sur l'évidence des principes de la théologie naturelle et de la morale*, faut-il tenir pour évident que la progressive disparition, ou dilution, des images nocturnes dans notre esprit éveillé, signifie l'obscurité de celles-ci ? C'est apparemment ce que pense la majorité : « La plupart des philosophes donnent comme un type de concepts obscurs ceux que nous pouvons avoir dans le sommeil profond. Des représentations *obscures* sont celles dont on n'est pas conscient. Or, quelques expériences montrent que nous avons aussi des représentations dans le sommeil profond et, puisque nous n'en sommes pas conscients, c'est qu'elles ont été obscures. » C'est sur ce dernier point que Kant s'arrête. Car il y a là un faux raisonnement, un sophisme. Rien ne m'assure, en effet, que la faible conscience diurne de mon activité nocturne soit la preuve incontestable de l'obscurité de celle-ci. Alors Kant va plus loin, pour s'acheminer vers un « secret considérable ». Posons avec lui l'hypothèse inverse : n'est-ce pas la conscience diurne elle-même qui est en défaut par rapport au sommeil, trahissant son retard fondamental, congénital et ontologique, sur la puissance extraordinaire du sommeil profond ? Il écrit à la suite du passage cité plus haut : « [...] il peut y avoir des représentations dont on ne se souvient pas à l'état de veille, mais il n'en résulte nullement qu'elles ne devaient pas avoir été clairement conscientes pendant le sommeil, comme dans l'exemple donné par M. Sauvage, d'une personne cataleptique, ou dans le comportement ordinaire du somnambule ».

Il est notable qu'il décèle dans le somnambulisme, conformément aux théories médicales contemporaines, une forme de conscience parallèle, un cas de lucidité inhérente au sommeil (désignée au XIXe siècle de « lucidité magnétique », de voyance pure et simple), et non pas une déraison, avoisinant la folie. C'est en un sens cette figure du somnambule, discrète dans son œuvre, détail infime, presque effacé, qui métaphorise l'exercice d'une raison interne au sommeil, d'une supra-lucidité nocturne, propre à éclipser la pensée vigile. Vient l'affirmation suivante, pour le moins surprenante : « [...] on a, en l'occurrence, laissé de côté, par négligence, un secret probablement considérable de la nature : c'est-à-dire que, peut-être, la plus grande habileté de l'âme à la pensée rationnelle pourrait s'exercer pendant le plus profond sommeil ; car la seule raison de penser le contraire est qu'on ne s'en souvient pas à l'état de veille, mais cette raison ne prouve rien ». Probablement, peut-être, pourrait ; la prudence est de mise. Mais l'hypothèse est forte d'une raison inhérente au sommeil. On retrouve cette idée dans une note de la première partie des *Rêves d'un visionnaire expliqués par des rêves métaphysiques*. Là encore, le sommeil profond n'est pas synonyme d'obscurité, c'est la façon de penser qui l'est et manque de distinction théorique : « [...] je suppose plutôt qu'elles [les représentations nocturnes] peuvent être plus claires et plus étendues que les plus claires de l'état de veille elles-mêmes [...]. Les agissements de certains somnambules qui montrent parfois plus d'intelligence dans cet état que dans nul autre, sans en avoir aucun souvenir au réveil, confirment la possibilité de ce que je suppose au sujet du sommeil profond. »

Cette forme singulière de métaphysique dans la profondeur nocturne reste totalement énigmatique, car ce ne sont pas les représentations oniriques que vise Kant, comme on s'y attendrait. Pour qu'il y ait rêves et représentations, il faut en effet que le corps s'en mêle. Or, ici, rien n'est représenté ni offert à l'intuition sensorielle : Kant désigne, sans preuve, les abysses de la raison. C'est là, dans un retrait irreprésentable et inimaginable, mais infiniment ouvert et riche en possibles, que règne le « silence complet des organes externes de la part d'un être aussi actif que l'âme ».

Alors on se prend à imaginer ce qu'aurait pu être une Critique de la raison somnambule, plutôt que pure. Critique sans doute impossible, car niant le principe même de la critique, législatrice et topographique, pour une critique hantée et divaguante. Mais suprêmement lucide et éveillée dans son délire même. Il faudra le romantisme pour débusquer les fantômes du gros œuvre kantien et leur donner quelques corps provisoires.

contradictions : unité et dualité

Le somnambule contraint notre culture philosophique à affronter ces problèmes délicats que sont pour la raison, la contradiction et la dualité, étant lui-même une vivante contradiction, un être agi et acteur, présent et absent, ni endormi ni réveillé, mais les deux à la fois, tout au moins endormi en un certain sens, éveillé, suprêmement lucide parfois, en un autre ; le poids du passif et de l'actif étant du reste d'inégale intensité selon que le somnambulisme est naturel et spontané, ou provoqué et artificiel comme on disait au XIXe siècle, à la suite du marquis de Puységur.

Voici donc le somnambule qui marche. Involontairement, en dormant, et comme mu par une force qui le possède, ou plutôt l'attire à la manière d'un aimant. Ses bras tendus sont pour ainsi dire aimantés par le magnétiseur, qui catalyse la force vive, ou par un être attirant, l'aimée ou l'amant, ou encore par quelque objet ensorcelant et magnétique : une grosse lune blanche (ce qui fait dire à un personnage de Cendrars que le somnambule est surtout « sublunaire », « car […] c'est la lune qui le fait aller »). Il agit parfois avec maladresse, en d'autres cas avec une certaine malignité, ou encore dangereusement (certains prennent leur voiture). Le débat classique sur le lien entre l'âme et le corps acquiert au XVIIIe siècle une nouvelle dimension, que lui confèrent très vraisemblablement cet imaginaire du sommeil et son modèle théorique électrique, étendu à l'ensemble de la nature (celui du magnétisme, de l'aimant, *magnes*). Ainsi l'âme n'est plus en son corps comme

79

un capitaine dans son navire, tel l'actif qui meut la matière inerte et obéissante. L'actif et le passif se compénètrent et s'échangent. Bien qu'ils aient été de forcenés idéalistes et des théoriciens du vouloir absolu, les romantiques allemands ont justement pensé, en s'y déplaçant, l'autre part du monde, le non-moi, lieu de la passivité et de l'inconscient. Surmontant une théorie kantienne de la représentation, et emboîtant le pas à Fichte, ces romantiques en viennent à situer les deux pôles du rapport, dans l'homme même, comme un jeu de forces alternées, un circuit électrique. *Wechselwirckung*, écrit Fichte dans sa *Doctrine de la Science* : action réciproque du Moi avec lui-même, par laquelle se forme et se structure la vie imaginative du sujet. Dans cette histoire-là (qui nous apprend aussi comment l'on évolue d'une conception de l'objet comme représentation à un vécu de conscience), les phénomènes du sommeil sont des moments essentiels. Car plus qu'une simple machine soumise aux ordres de son magnétiseur, le somnambule questionne par son existence même les positions respectives du sujet et de l'objet. Du fond de l'état paradoxal de son sommeil éveillé, il acquiert même une certaine forme d'autonomie mentale que lui confère sa lucidité magnétique. Le physicien et philosophe allemand Johann Ritter se sent ainsi autorisé à désigner une essence somnambulique de la subjectivité :

Toutes nos actions sont de l'espèce du somnambulisme, c'est-à-dire des réponses à des questions ; et c'est nous qui interrogeons. Chacun porte en lui sa somnambule, dont il est lui-même le magnétiseur...

Motif essentiel de la période : si chacun porte en lui sa somnambule, de même que chacun est prêtre par le baptême (Luther), et artiste potentiel (Novalis), qu'en est-il de l'acte créateur ? L'artiste ne s'affranchit véritablement de l'imitation, qu'elle soit naturaliste ou idéale, pour produire un art pur ou autonome, qu'à partir du moment où il se présente lui-même, comme dirait Friedrich Schlegel, en même temps que sa présentation. Baudelaire s'interroge en ces termes dans un texte intitulé *L'art philosophique* : « Qu'est-ce que l'art pur suivant la conception moderne ? C'est créer une magie suggestive contenant à la fois l'objet et le sujet, le monde extérieur à l'artiste et l'artiste lui-même. » Je tiens ici que cette synthèse entre le dehors et le dedans, l'actif et le passif, subvertissant au passage chaque terme, s'opère sur le modèle du *double*. Elle prend la plupart du temps appui sur un *dédoublement* du moi, qui plonge essentiellement ses racines dans les phénomènes du sommeil, en particulier dans le rêve, où s'échangent et se confondent spectateur et acteur. Cette dualité n'est donc pas dialectique, dans la mesure où elle ignore la résolution d'un troisième terme englobant. Elle n'est sans doute pas l'apanage du somnambulisme, quoique ce phénomène porte les termes à radicalisation. Théophile Gautier, comme nombre d'auteurs du romantisme (Nerval dans *Aurélia*), et du fantastique (Lovecraft dans *Par-delà le mur du sommeil*), prête attention aux figures du double, qu'il relie souvent à l'existence du rêve, et à un état intermédiaire entre rêve et réalité, vérité et illusion. Ainsi dans *La Morte amoureuse*, le jeune prêtre amoureux d'une séduisante femme déjà morte, qu'il rejoint dans ses songes, finit par ne plus savoir où il est, ni qui il est : « A dater de cette nuit, ma nature s'est en quelque sorte dédoublée, et il y eut en moi deux hommes dont l'un ne connaissait pas l'autre. Tantôt je me croyais un prêtre qui rêvait chaque soir qu'il était gentilhomme, tantôt un gentilhomme qui rêvait qu'il était prêtre. Je ne pouvais plus distinguer le songe de la veille, et je ne savais pas où commençait la réalité et où finissait l'illusion. (...) Deux spirales enchevêtrées l'une dans l'autre et confondues sans se toucher jamais représentent très bien cette vie bicéphale qui fut la mienne. Malgré l'étrangeté de cette position, je ne crois pas avoir un seul instant touché à la folie. J'ai toujours conservé très nettes les perceptions de mes deux existences. Seulement il y avait un fait absurde que je ne pouvais m'expliquer : c'est que le sentiment du même moi existât dans deux hommes si différents. » Simultanément double et un, par le rêve, l'unité et la dualité se complètent dans un équilibre instable et énigmatique.

Dans un texte intitulé *Du Vin et du hachisch, comparés comme moyen de multiplication de l'individualité*, Baudelaire revient sur l'image de la possession magnétique pour rendre compte de l'exercice de la fantaisie libre et imaginative : « Les grands poètes, les philosophes, les prophètes sont des êtres qui par le pur et libre exercice de la volonté parviennent à un état où ils sont à la fois cause et effet, sujet et objet, magnétiseur et somnambule. » Le dédoublement artistique du moi n'est jamais très éloigné d'une forme hautement pathologique, en l'occurrence de la folie, qui est alors synonyme d'une remise en cause de l'identité et de l'unicité de la conscience, dont elle sape les assises. La dualité que révèle le somnambulisme fait ainsi vaciller la conception cartésienne d'une conscience une, transparente à elle-même et auto-fondée. D'autant plus, note Tony James, que cette identité n'assoit sa propre stabilité et sa permanence que sur une division nette entre le sommeil et la veille, le jour et la nuit. Plus fort que le Malin génie le somnambule ? Oui, en un sens.

Ainsi l'artiste « fou » et « génial » d'une certaine mythologie néo-romantique n'est pas seulement un être irrationnel, en proie à l'ivresse d'une passion incontrôlable : il est surtout le théâtre d'une lutte, d'un conflit interne, dans lequel une partie de lui-même tente de prendre possession de l'autre, à l'image du narrateur du *Horla*, ou plus nettement encore du docteur Henry Jekyll, qui, contrairement, au prêtre du récit de Gautier, vacille dans la folie. Stevenson fait bien dire au docteur qu'il n'est pas plus Jekyll que Hyde : « je vis que, des deux personnalités qui se disputaient le champ de ma conscience, si je pouvais à aussi juste titre passer pour l'un ou l'autre, cela venait de ce que j'étais foncièrement toutes les deux ». Il n'y a donc pas, comme on aurait tendance à le penser, deux personnalités en conflit : l'une extérieure et visible qui serait l'apparence derrière laquelle se cacherait la personnalité essentielle, cachée (*Hyde*) et enfouie. Les deux sont également vraies, telle est la force de ce mythe bicéphale qui récuse justement la dichotomie de l'apparence et de l'essence, de la copie et du modèle. Toute la tragédie de ce docteur, mais aussi sa génialité artistique (elle-même source d'inspiration plus ou moins avouée de nombreux films fantastiques), tiennent précisément à ce qu'il réussisse à *donner un corps* à son autre moi, qui remonte à la surface, (et parfois très concrètement, telle cette main velue de son autre moi, qui paraît sous la manche de sa veste), matérialisant, en quelque sorte, les deux principes antagonistes vivant en chacun de nous, notre gémellité originelle. « Je me bornerai donc à dire qu'après avoir reconnu dans mon corps naturel la simple auréole et comme l'émanation de certaines des forces qui constituent mon esprit, je réussis à composer un produit grâce auquel ces forces pouvaient être dépouillées de leur suprématie, pour faire place à une seconde forme apparente, non moins représentative de mon moi, puisque étant l'expression et portant la marque d'éléments inférieurs de mon âme. »

zrcadlo

Si l'état de transe et de somnambulisme artificiel peut symboliser la situation de l'artiste qui mêle le réel et l'imaginaire, qu'advient-il d'un artiste en proie au sommeil éveillé ? Qui plus est lorsqu'il s'agit d'un acteur, dont tout le métier, on le sait, est d'être lui-même, en étant un autre, et de ne pas être soi, en n'étant que lui-même ? S'efface-t-il devant cet autre, ce spectre qui le fascine, ou met-il en scène cette dualité intime ? Chez Meyrinck, le somnambule Zrcadlo, en pleine activité ambulatoire, reconstitue, dans une étrange pantomime, tout un théâtre imaginaire, dont les témoins de la scène sont bientôt captifs. « Sans se préoccuper le moins du monde de ces personnes, Zrcadlo s'affairait maintenant dans la pièce avec précipitation, faisant les cent pas, bougeant des objets imaginaires qu'il était manifestement le seul à voir mais qui semblaient prendre aux yeux des spectateurs de la scène une forme réelle, tant l'acteur les saisissait, les soulevait, les écartait avec des gestes précis et suggestifs. Soudain il tendit l'oreille, pointa les lèvres, s'avança à petit pas vers la fenêtre, siffla quelques mesures d'une mélodie, comme s'il y avait là un pinson dans sa cage, sortit d'une cassette imaginaire un verre de farine tout aussi invisible pour l'offrir à son petit chéri : à cet instant, tous furent tellement subjugués par la scène qu'ils en oublièrent l'endroit où ils se trouvaient et se crurent projetés à l'époque où feu le baron Bogoumil habitait encore les lieux. »

Le somnambule est la figure centrale de ce roman : *médiane* plus exactement, comme le révèle le chapitre intitulé « Dans le miroir ». Si l'acteur est double par nature, le somnambule acteur se présente lui-même comme un être ambigu, jeune et vieux, présent et lointain. Jeu de miroir et de puissance complexe : dans un passage digne d'un dialogue fichtéen (celui de l'Esprit et du Moi de la *Destination de l'homme* de 1800), Zrcadlo laisse ses deux entités s'exprimer, car « le Moi véritable ne se reconnaît qu'à travers ce qu'il engendre ».

l'art, la vie, la nuit

Je croirais volontiers que l'omniprésence de la figure du somnambule dans la littérature et l'art romantique, et néo-romantique, ne tient pas seulement aux motifs évoqués précédemment, (émergence d'un inconscient, uni-dualité du moi, figure pathologique de l'artiste qui crée dans un état *second*), mais aussi, et surtout, au projet d'union de l'art et de la vie, que tous ces motifs nourrissent sourdement. On a souvent, et beaucoup, glosé sur cet énoncé, qui est devenu, avec quelques autres (tout homme est un artiste), un lieu commun, un cliché de notre modernité (avec Fluxus, Robert Filliou : *l'art est ce qui rend la vie plus intéressante que l'art*), cliché dont on aurait pourtant tendance à oublier la singularité et la complexité. Par sa nature duelle, le somnambule incarne la collusion de plans antithétiques, de la nuit et du jour, de la mort et de la vie.

Le projet d'union du rêve et du réel traverse évidemment tout le premier romantisme allemand, dont il constitue l'axe central, chez Novalis, dans les contes de Tieck, ou d'Hoffmann, mais aussi chez Balzac (*Le Chef d'œuvre inconnu*), ou Edgar Poe (*Le Portrait ovale*), et déjà, de façon plus spéculative, dans le fragment 116 de la revue de *L'Athenäum*. Théophile Gautier en fait également le ressort de récits fantastiques, comme *La Cafetière* ou *Omphale*, dans lesquels des personnages représentés sur des tableaux ou des tapisseries sortent littéralement de leur cadre pour prendre vie dans le monde, devant les yeux d'un narrateur troublé et amoureux de ces images animées, qui croit rêver tout éveillé. Mais en raison de sa charge pathologique intense, le somnambulisme fait de cette union une rencontre dangereuse et surtout *irréversible*, de sorte que tous les vivants et les hommes ordinaires s'éveillent, au contact d'un somnambule, au sentiment d'une étrangeté définitive qui peut s'avérer *mortelle*.

au doigt et à l'œil

A la fin de son traité de 1811 sur le somnambulisme, le marquis Armand Marie Jacques de Chastenet de Puységur, disciple français de Mesmer, souligne les dangers du traitement magnétique, liés à l'influence et à l'ascendance que le magnétiseur risque de prendre sur son sujet. Et de conclure en citant brièvement les cas de Mesmer, Petetin et Lavater : « […] mais ce qu'il y a de plus fâcheux, c'est que cataleptiques ou somnambules entre les mains des uns et des autres, non seulement n'ont été guéris ni soulagés, mais ont été presque tous entièrement désorganisés ». Car le somnambule « magnétique » obéit au doigt et à l'œil de son maître : au *doigt*, tout d'abord, quand le magnétiseur pratique littéralement des « attouchements », comme dit Puységur (imposition des mains sur le front ou le long du corps), et de multiples « passes », effectuées à l'aide de baguettes de verre, bois, argent, etc. Plus tard, lorsque l'*hypnose* naît avec James Braid, vers 1843, le patient est soumis à la fixation visuelle. Initialement, Mesmer pratiquait des attouchements par l'entremise de baguettes, destinés à redistribuer le fluide quasi électrique dans le corps de ses patients. Au début, il leur faisait parfois avaler de la limaille de fer, qu'il déplaçait ensuite à l'aide d'un aimant sur la surface de leur corps pour redistribuer le « fluide ».

On voit comment toute cette affaire-là devient une métaphore de la sujétion, amoureuse et érotique, et, plus largement, du pouvoir exercé sur les individus, qui peut aller jusqu'à la mort ou au pousse-au-crime, en particulier avec la pratique de l'hypnose. Car si l'hypnologie naît pour une large part du magnétisme, c'est aussi en modifiant substantiellement les termes de la relation entre le magnétiseur et le magnétisé. De l'un à l'autre univers, l'on passe, comme le note Méheust, d'une approche empirique de la science à une modernité galliléo-newtonienne ; quand il s'agit de suivre et d'accueillir la « voix de la nature », dont le somnambule est le rare dépositaire, l'école hypnotique moderne tente de son côté d'arracher à la nature son secret de manière prométhéenne. Là où la relation entre le magnétiseur et le magnétisé reposait sur un échange et une attention mutuelle, comparable à un exercice maïeutique, le médecin hypnotiseur place le sujet en état de dépendance totale ; l'hypnotisé perd son autonomie réflexive et avec elle son hyperconscience, n'étant plus qu'une machine aveugle et obéissante : il ne voit plus de son propre chef, mais il voit ce que le médecin veut qu'il voit, entende, fasse, etc. Le « magi-cien » ou « sorcier », selon les uns, que serait Joseph Balsamo (alias Cagliostro), dans le roman éponyme de Dumas, est en même temps un médecin hypnotiseur qui soumet les êtres à volonté.

Et la jeune fille, qui s'était soulevée à demi, retomba épuisée sur son fauteuil en poussant un profond soupir. Aussitôt Balsamo s'approcha d'elle, et, changeant par des passes magnétiques la direction des courants d'électricité, il rendit la tranquillité du sommeil à ce beau corps qui penchait brisé, à cette tête alourdie qui retombait sur sa poitrine haletante. Andrée sembla rentrer alors dans un repos complet et réparateur. « Reprends des forces, lui dit Balsamo en la regardant avec une sombre extase ; tout à l'heure, j'aurai encore besoin de toute ta lucidité. O science ! continua-t-il

avec le caractère de la plus croyante exaltation, toi seule ne trompes pas ! C'est donc à toi seule que l'homme doit tout sacrifier. [...] Et maintenant, jeune fille, maintenant que, par le pouvoir de ma volonté, quelques secondes de sommeil t'ont rendu autant de forces que si tu venais de dormir vingt ans, maintenant réveille-toi, ou plutôt replonge-toi dans ton clairvoyant sommeil. J'ai encore besoin que tu parles ; cette fois, seulement, tu vas parler pour moi. »
Il apparaîtra que Balsamo perce les secrets de la nature par le biais d'une somnambule, Lorenza, voyante et prophétesse, qu'il a totalement fascinée.

La violence réelle, symbolique et épistémologique, qui s'exerce sur les hypnotisés est inimaginable (on leur demande de signer d'énormes chèques sans provision, de tirer à blanc sur leur propre mère, de poignarder des mannequins, etc.), au point que certains se sont interrogés, au sein de l'école de Nancy, sur la possibilité de faire accomplir aux patients des *crimes par suggestion*. Les médecins Binet et Féré notent ceci : « Il est donc possible, dans l'état de somnambulisme provoqué, de suggérer des idées fixes, des impulsions irrésistibles, auxquelles l'hypnotique réveillé(e) obéira avec une précision mathématique. *On pourra lui faire commettre tel crime que l'on voudra imaginer.* » Ainsi fait le docteur Mabuse de Fritz Lang en 1933 dans le *Testament du Docteur Mabuse* (à la suite d'un autre docteur criminel, le Caligari de Robert Wiene), qui perpétue indirectement ses forfaits depuis sa cellule en fascinant le directeur de la prison, qu'il a totalement hypnotisé, et en qui il s'est comme déplacé.

Mais ce pouvoir-là prend aussi possession de son possesseur, dont le corps réel devient une sorte d'anomalie physique. Dans le conte de Maupassant, *Un fou ?*, le pauvre Jacques Parent cache désespérément ses mains dans ses poches, et lorsqu'il saisit un objet, verre ou fourchette, c'est en un éclair, et sans laisser traîner ses mains nulle part, car elles semblent douées d'une puissance incontrôlable sur toute chose. Et le voilà qui fascine le chien d'un de ses amis. La bête titube, manque de tomber, elle est incapable de prendre dans sa gueule un simple mouchoir jeté à terre. « Elle le saisit enfin, et revint de la même allure ballottée de chien somnambule. »

Je me souviens d'un bonhomme qui passait à la télévision quand j'étais petit. Il tordait les fourchettes et les couteaux par le regard, ou par le biais d'une manipulation à distance. Il se faisait également fort de tordre des objets chez vous, derrière votre écran. Je n'ai jamais compris à quoi cela servait, sans doute à rien, et seule la beauté du geste comptait. Avec mes copains de classe, nous essayions d'en faire autant à la cantine. Ça ne marchait jamais. Il faut dire que les couverts étaient très mous et offraient peu de résistance. Au mieux, nous étions tordus de rire devant nos petites cuillères, pliées en deux, nouées comme des fils de laiton. Alors, pris souvent d'une rage iconoclaste, et sûrement dépités par notre manque d'influence spirituelle sur les choses, nous partions comme des ribouldingues de bande dessinée, traîner du côté de la rue d'Assas et du boulevard Raspail, à l'heure de la « grande récré », après la cantine de midi. Le jeu consistait à envoyer des petits-suisses sur des autobus. Le clou du spectacle était naturellement d'en envoyer un par une vitre entr'ouverte, ce que je réussis une fois à faire, avant de prendre la fuite à toutes jambes, le cœur battant, dans le jardin du Luxembourg, laissant derrière moi des cris horrifiés.

On se demandait tout de même quel usage privé ce magicien magnétiseur pouvait bien faire de son pouvoir. J'avais des visions surréalistes de son appartement, encombré de couverts et de plats en étain tordus, mais aussi d'objets volants.

appétits nocturnes

Dans un texte consacré aux phénomènes du sommeil (somniloquie, lycanthropie, somnambulisme), Charles Nodier rapporte le témoignage d'un peintre italien, avec qui il partage une chambre, lors d'un voyage. Celui-ci lui demande de l'attacher solidement à son lit, à la stupéfaction de l'écrivain. Il lui avoue alors les circonstances terriblement fantastiques de la mort d'une femme aimée, survenue quelques années auparavant : comme ils erraient, affamés et abattus, la jeune fille se jeta sur lui, et lui dit : « Mange-moi si tu as faim ». Puis celle-ci s'éteint, et laisse son fiancé face au mystère de sa mort, qui commence de hanter ses nuits. Le peintre s'adresse alors à Nodier : « L'infortunée qui m'a dit de la manger pour soutenir ma vie, s'écria-t-il, en se renversant avec horreur et en couvrant ses yeux de ses mains…, il n'y a pas une nuit que je ne la déterre et que je ne la dévore dans mes songes… ; pas une nuit où les accès de mon exécrable somnambulisme ne me fassent chercher l'endroit où je l'ai laissée, quand le démon qui me tourmente ne me livre pas son cadavre ! Juge maintenant si tu peux coucher près de moi, près d'un vampire !… » Nodier mélange un peu les figures. Car c'est le vampire ici qui rend le somnambule anthropophage (cas plutôt rare dans la littérature). L'amoureux transi, qui veut déterrer sa fiancée pour la manger, se comporte en fait à la manière d'un vampire et d'un zombie. S'il procède à une inversion du mythe (ce sont plutôt les morts qui ont faim des vivants), Nodier comprend, pourrait-on dire, l'essentielle affinité qui relie l'anthropophagie à la nuit. Le vampire, comme ceux qu'on appelle les revenants, prend de façon littérale, et nullement symbolique, la résurrection chrétienne : mais au lieu de revenir dans un corps de gloire, lumineux, et de pleine majesté, pour s'asseoir à la droite du Père, il revient sur terre, obscurément, avec un corps corrompu, qui continue de pousser (ongles, poils, cheveux), animé d'un désir cruel de sang et de chair. Cet imaginaire de la résurrection païenne et sécularisée soulève la très sérieuse question de la vie dans le tombeau, et d'une éventuelle immortalité du corps sans âme.

Dans son étude parue en 1728 intitulé *De la mastication des morts dans leurs tombeaux*, le philosophe allemand Michaël Ranft analyse un étrange rapport dressé par l'administration autrichienne, relatif aux agissements d'un villageois hongrois, Peter Plogojovitz, accusé d'être revenu d'entre les morts pour étrangler ses semblables et les vider de leur sang. Les revenants en corps (et encore) n'ayant plus d'âme, ne sont pas, selon lui, le fruit d'un miracle divin, ni même l'œuvre du diable, ils résultent principalement des délires de l'imagination humaine. Il entreprend ainsi d'élucider (pour en récuser la possibilité réelle) le fait que ces « morts mâchent en faisant des bruits de bouche », mais aussi qu'ils « dévorent leur linceul avec leur propre bouche », avant d'aller manger les vivants. C'est l'imagination qui est à l'œuvre, elle-même auxiliaire d'une magie artificielle : une imagination maladive qui croit à la réalité de ses fantasmes et opère sur les corps. « Donc nous estimons que le *phénomène* de la mastication des morts a pris sa source de la manière suivante (et à ce compte-là les miasmes contagieux de la peste pourraient bien un jour consumer complètement le genre humain !) : comme l'embrasement général de ce fléau trouve un appui dans l'imagination humaine, ainsi que nous l'avons démontré, il pourrait se faire que les hommes, pendant leurs nuits d'angoisse, dans leurs sommeils cauchemardesques, soient agités si violemment par des images de mort qu'ils tombent dans une sorte de *corybantisme* et succombent finalement, infectés par le poison de la peste. » Plus qu'une folle du logis, maîtresse d'erreur et de fausseté, l'imagination est une maladie, comparable à la peste, au pouvoir terriblement infectieux (c'est bien pour cela que la raison s'en méfie tant) ; le sommeil troublé devient son catalyseur et son embrayeur principal. Nous assistons ici à l'émergence romantique d'une imagination subjective et pathologique, se livrant à toutes sortes de manipulation sur les corps, à ceci près que la nuit romantique est une intériorité élargie.

retour perdant

Il existe dans le cinéma, comme dans la littérature et les arts visuels, diverses modalités de *l'errance nocturne*. Toutes entretiennent des liens, plus ou moins nets et avoués, avec le cauchemar et un état de crise associé au sommeil : somnambulisme et vision extatique, mais aussi retour des morts-vivants, zombies, vampires, spectres, goules. Si l'errance nocturne est par définition sans but, elle a du moins pour caractéristique majeure de s'accomplir sur le mode d'un *retour*. Tel un voleur hanté par son crime (Raskolnikov), l'on revient sur ses pas, sur les lieux traversés le jour, et maintenant obscurs, ou l'on revient *de loin*, et d'ailleurs. Mais d'*où* ?

D'où reviennent au juste ceux qu'on appelle *revenants* ? De l'au-delà, du royaume des songes, des profondeurs du sommeil, est-on tenté de répondre. Mais les choses sont plus littérales et plus effrayantes aussi. Les revenants littéraires et cinématographiques, ces figures ratées de la résurrection chrétienne, reviennent en corps de lieux spécifiques, bien réels et terriblement terrestres : tombes, caveaux, cimetières. Ces espaces étranges de la nuit, où l'on vénère et où l'on cache ses morts tout à la fois. Les revenants opèrent un retour très freudien du refoulé de la mort ; car c'est la mort qui revient chaque fois dans les corps qu'elle occupait provisoirement de leur vivant. A présent, et puisque l'immortalité de l'âme leur est interdite, les revenants gèrent la mauvaise immortalité d'une mort à l'œuvre, effective, une mort qui ne passe pas, qui ne devient pas, qui a cessé d'être l'horizon d'une vie pour devenir un labeur interminable, une mort qui ronge sans fin ses corps – non-morts et non-vivants tout ensemble. Dans une scène de rêve du film étrange de John Gilling, *The Plague of the Zombies* (1966), (donc la peste), des bras surgissent de terre, arrachant au passage les fleurs qui ornent leurs tombes, puis les cadavres se hissent, dans un étrange plan bancal, pour entourer le protagoniste, effrayé en son cauchemar.

La terre qui cache et refoule les morts désigne l'espace intérieur de la nuit.

Les zombies sont d'éternels insomniaques qui apportent au monde un corps de désolation, dépourvu d'existence propre ; un corps tragique, morcelé, interrompu dans sa décomposition. Les zombies disent le travail de la négativité qui ne se résout pas, la pure contingence d'une mort sans transcendance, ni reprise. *Ceci n'est pas mon corps*, pourrait être leur credo. Ils ont faim, mais ne recomposent pas leur corps fragmenté pour autant. Car la mort est un appétit sans désir, comme une nuit sans rêves. Les zombies ne mangent pas pour se nourrir ; en déchiquetant leurs semblables, ils poursuivent seulement leur exil de corps en corps.

vertigo, imago

Comment ne pas y revenir une dernière fois ? Y revenir, car c'est le film d'une boucle, d'une spirale (le ruban infini de Moebius, que reprend aussi Lynch dans son *Mulholland Drive* avec la route qui ouvre et retourne le film sur lui-même). Le film en somme du retour incessant et, comme tel, le motif qui hante ces pages : *Vertigo* est sans doute l'une des grandes fictions visuelles du XXe siècle, en raison de sa puissance spectrale (c'est de la pure nécrophilie, glisse malicieusement Hitchcock à Truffaut), mais aussi de sa sobriété, ou encore de la relative déception qu'il procure. Déception, je ne sais pas si le mot est juste, je veux dire le flottement, le décrochage presque imperceptible entre les deux parties qui le composent (l'avant et l'après), car c'est dans ce flottement, cette attente (presque de l'ennui), que tout se passe. Hitchcock complique pourtant la thèse du double et du revenant, dont Edgar Morin faisait en 1956, dans *Le Cinéma ou l'homme imaginaire*, l'essence du cinéma, pris entre magie et réalité. Car la forme de la hantise est en vérité triple, dans le cas présent, c'est pourquoi elle s'avère si obsédante et si profondément irrécupérable. On se souvient que Scottie, détective privé sujet au vertige, est chargé par un ami de surveiller la femme de ce dernier, Madeleine, dont il tombe rapidement amoureux. Scottie découvre que Madeleine s'identifie à une soit-disant aïeule espagnole, Carlotta Valdes, morte folle, suicidée à vingt-cinq ans, l'âge de Madeleine au moment du film. D'emblée, c'est l'autre femme qu'il aime en elle, Madeleine l'attire comme un fantasme réel, ou provisoirement déposé dans un corps. Puis débute la seconde partie (après le vrai faux suicide de Madeleine qui feint de se jeter du haut d'un clocher dans le monastère espagnol, mais cette feinte n'apparaîtra qu'*in fine*, sur le moment, c'est-à-dire durant notre perception, tout est bien réel). Scottie croise par hasard une jeune femme brune, Judy, un peu « animale » dira Hitchcock, qui lui rappelle vaguement Madeleine, la blonde. Avec un art consommé de la perversion, Hitchcock construit cette seconde partie comme le souvenir de la première, sa répétition obsessionnelle. Dans sa structure et dans sa forme, le film dit tout entier la répétition comme mode de l'hallucination et du vertige : dès le générique programmatique de Saul Bass, des formes tourbillonnantes donnent le ton et le rythme des images futures, formes que l'on retrouve disséminées comme autant d'indices tout au long de ce film, curieusement enveloppé sur lui-même, et qui va se perdant dans un puits sans fin (le chignon creusé de Madeleine, le large tronc du séquoia et ses lignes circulaires, le curieux bouclier rond qui orne le mur de l'appartement de la jeune femme, enfin les courses lentes de l'automobile qui revient sur les mêmes lieux, la musique qui déroule un long leitmotiv...). Il faudrait peut-être revenir à la saisissante scène d'hallucination dont est victime le jeune Roddy dans *Downhill* (muet noir et blanc de 1927) pour retrouver chez le premier Hitchcock l'une des origines de ces motifs tourbillonnants : en proie à la fièvre et au délire, la cabine du navire où se trouve Roddy se met à tournoyer à la manière d'un manège ou d'un tourniquet (le mouvement est souligné et prolongé par un disque sur son gramophone). Telle une machine affolée, cette scène happe le décor et les images alentour. Le vertige central qui traduit ici, en une séquence isolée et superbe, le délire passager de la perception subjective, est devenu dans *Vertigo* la structure mentale essentielle de Scottie. Les objets n'ont donc plus besoin de tourner ; le tourbillon a pris corps dans des choses et des lieux objectifs. Le vertige est devenu structure ontologique.

Ainsi, en cette seconde partie, Scottie rejoue avec Judy la première partie. Il la rejoue comme au théâtre, sans savoir encore tout à fait que c'est elle, justement, qu'il jouait depuis le début. Vertige des faux-semblants. Scottie est rendu cruel par la violence soudaine de la disparition et par sa propre culpabilité. Peu avant : scène de l'hôpital où il reçoit la visite d'une amie, sans la reconnaître, puis on le retrouve dans la rue, où il croit retrouver la disparue, mais a-t-il *guéri* entre temps ? Scottie contraint cette pauvre Judy, de plus en plus mal à l'aise, dans son mensonge, et dans son corps, qu'elle semble ne plus savoir habiter, à ressembler à l'élégante et irréelle Madeleine. Il la modèle et façonne son apparence (que lui importe son essence, c'est-à-dire la vérité ?), pour faire renaître la disparue (la robe, la chevelure…). Il projette en Judy l'image spectrale de Madeleine. Mais en Madeleine, on se souvient qu'il aimait déjà l'autre femme, l'absente pure, cette Corlotta Valdes. Madeleine est bien l'irisation d'un spectre, comme le suggère cette fameuse scène où, sortant de la salle de bain d'une chambre d'hôtel, Judy fait ressurgir le fantasme de Scottie, le fantasme du passé dans un halo vert et bleu. Emboîtement diabolique de trois femmes : Judy est l'image trouble de Madeleine, elle-même copie de Carlotta — vrai faux modèle, inaccessible par principe. C'est là naturellement que réside le vrai sujet du film — le vertige —, autrement dit, l'obsession de l'image à travers les corps, ou comment un corps permet d'aller vers une image irréelle (et n'est-ce pas tout le sujet du cinéma ?).

Hitchcock s'est en partie inspiré du roman de Boileau et Narcejac, *D'entre les morts*. Dans le roman original, Madeleine est déjà une revenante, un corps provisoire : « [...] Enfin je songe à sa grand mère, Pauline Lagerac... Enfin, vous voyez ce que je veux dire...Elles ne faisaient qu'une seule personne. – En d'autres termes, cette jeune femme, Madeleine, était déjà morte une fois. C'est bien cela ? C'est bien ce que vous croyez ? – Ce n'est pas une croyance, docteur. Je sais ce que j'ai entendu, constaté... – Bref, vous estimez que Madeleine pourrait bien revivre, puisqu'elle avait surmonté la mort une première fois. – Si vous présentez les choses de cette façon... » Cette figure du retour et du revenant renvoie à un motif puissant du romantisme nervalien, l'une des sources probables du livre de Boileau et Narcejac, en l'occurrence à *Sylvie*. Dans cette nouvelle, particulièrement complexe et intense, où les registres temporels se mélangent dans un étoilement du sens – passage par le présent, souvenir, rêverie –, trois identités féminines sont en jeu à tour de rôle et s'enchâssent à la manière de poupées russes. Trois femmes différentes (Aurélie, Adrienne, Sylvie), ou trois variations de la même femme qui, à l'instar des vierges de Crotone, composent ensemble l'image combinée du beau, c'est-à-dire ici du souvenir. Le narrateur aime Sylvie et Adrienne, ou la combinaison Adrienne-Sylvie, qui le reconduira à Sylvie-Aurélie, laquelle Aurélie paraît dans l'ouverture. Car tout a bien lieu comme si, en dépit des écarts dans le temps et dans l'espace, Aurélie, l'actrice, était la figure animatrice, le pivot, permettant à l'amour de se porter sur d'autres femmes ou d'être le souvenir de ces amours. A travers Aurélie, c'est bien entendu tout le pouvoir de la fiction qui est en jeu, celui du théâtre, des illusions, de la littérature comme songe éveillé. Découvrant dès les premières pages qu'Aurélie est aimée par un autre homme, le narrateur affirme à un ami, avec une étonnante distance, ceci : « Que m'importe, dis-je, lui ou tout autre ? Il fallait qu'il y en eût un, et celui-là me paraît digne d'avoir été choisi. — Et toi ? — Moi ? C'est une image que je poursuis, rien de plus. »

Tel est le problème de *Vertigo* : poursuivre une image, rien de plus. Qu'importe qu'elle soit juste ou vraie ; le problème est à la fois celui de sa matérialisation et de sa disparition. Car désirer l'image de son fantasme à travers un corps réel, qui sert de support, de médium, c'est condamner dans le même mouvement ce corps à la disparition, puisque l'image, comme le rappelle ce film, *ces images*, sont toujours la présence d'une réalité perdue. Et que l'image ne vit réellement que d'être imaginée. Cette métaphysique de l'image, qui repose dans les deux cas (Nerval, Hitchcock) sur la puissance du faux, mobilisée par une actrice, conduit Hitchcock à entrecroiser le réel et l'imaginaire au sein du même film, et souvent au sein du même plan. « Hitchcock qui, mieux que tout autre, sut faire passer deux logiques par image, deux vitesses, celle du désir et celle de la censure ou, comme disent les freudiens, principe de plaisir et principe de réalité. » (Serge Daney)

des machines hantées

Lorsqu'il comprend que le protocole des trois lois de la robotique, assujettissant le robot à l'homme, est sur le point d'être transgressé, le professeur Lanning d'*I, Robot* remarque (dans une scène elle-même visionnée sur ordinateur) : « depuis les premiers ordinateurs, il y a toujours eu des fantômes dans la machine ». Fantômes, mais quels fantômes ? Ce sont les hommes, bien sûr, qui, en créant des machines intelligentes, se dématérialisent et s'idéalisent dans des systèmes. Immatérialité de la machine, en un sens. A la fin de son essai sur le *Théâtre de marionnettes*, Kleist suggère que l'automate ou le pantin articulé, doué de grâce et donc d'âme, tel un dieu infini, délivre l'homme des aléas de sa conscience, en le replongeant dans un état d'innocence originelle. Mais les fantômes qui errent dans la machine, ces « segments aléatoires de codes », évoqués par ce docteur, désignent également les désirs et les rêves, peu innocents, que l'un des androïdes se met à concevoir. « Les machines pré-cybernétiques, note Donna Haraway dans son *Manifeste Cyborg*, pouvaient être hantées ; il y a toujours eu dans la machine le spectre du fantôme. »

Si les désirs sont assimilables à la part fantomatique de l'homme, c'est aussi parce que la machine est à l'occasion un prodigieux révélateur de fantasmes, c'est-à-dire de fantômes. Les banalités de rigueur sur l'inhumanité du règne mécanique n'ont peut-être d'autre objectif que de voiler cette ambiguïtélà, et, incidemment, la terreur spectrale ou sexuelle que cette collusion peut inspirer. Le roman de Villiers de l'Isle-Adam, *L'Ève future* (1886) constitue à cet égard une étonnante démonstration de la puissance fantasmatique de l'automate qui, en l'occurrence, s'apparente déjà à un premier modèle de cyborg. Parce que l'un de ses amis (Lord Ewald) désespère d'aimer une belle femme insipide (Alicia Clary), le savant Thomas Edison lui offre d'accomplir son rêve purement machiste : aimer la même femme, en lui ôtant son âme superflue. L'accomplissement de ce fantasme masculin, qui relève ici d'une opération hybride de « photoscultpure » (moulage plastique et projection quasi cinématographique), revient à dupliquer Alicia Clary pour la faire renaître sur l'ossature métallique d'un robot féminin nommé Hadaly (l'Idéal), androïde composé d'un « organisme magnéto-métallique », recouvert de « chair artificielle ». En somme, le robot déjà animé prend vraiment forme grâce à l'enveloppe individuelle de la jeune femme (sa voix, son allure, ses mouvements, etc.), et celle-ci s'incarne idéalement dans la machine en perdant son esprit. Contrairement au mythe de Pygmalion, dont s'inspire en partie ce récit, c'est l'artifice qui est la finalité de la nature et sa prothèse sublime. Et du reste, Villiers de l'Isle-Adam nous fait comprendre qu'avant cette étrange opération, Alicia Clary, vivante et réelle, n'était déjà que le double d'un original en marbre, la sculpture de *La Vénus Triomphante*.

En s'accomplissant, ce fantasme de domination patriarcale (faire de la femme un objet idéal, ou un instrument de pouvoir, comme le robot Maria du *Métropolis* de Fritz Lang) se déplace quelque peu. L'« andréide », l'Ève future, doit sa vie à l'assistante d'Edison, une somnambule voyante, du nom de Sowana, qui s'est glissée en elle pour « l'animer de son état "surnaturel" ». Il y a bien un fantôme dans la machine, mais c'est une femme. Edison est moins un démiurge absolu ou un magicien qui, à l'instar du rabbin Löw du *Golem*, fait surgir un androïde du limon originel, en suivant une table cabalistique, que le passeur médiumnique d'âmes errant à travers le canal électromagnétique. Bien que l'amour soit pour l'électricien un fait physique sans poésie, une affaire matérielle de branchement, il devient ici une façon étrange et morbide de s'attacher à un corps hanté. Lord Ewald stupéfait venait d'apercevoir « très distinctement la présence d'un être d'outre-monde dans l'Andréide ».

dîner de somnambules

Au chapitre X de ses *Recherches physiologiques sur l'homme dans l'état de somnambulisme*, Puységur relate le cas d'une certaine Mademoiselle L**, jeune femme de trente-quatre ans, qui souffre d'une humeur au nombril et est en proie à de régulières crises de nerfs. Une fois placée en état de somnambulisme artificiel, elle en vient à suivre les prescriptions de sa thérapeute, elle-même somnambule « naturelle », du nom de Thérèse. Au cours de ce régime, elle finira par voir littéralement la nature intime de son mal, étant même en mesure de le nommer et de l'identifier. Véritable ancêtre de l'analyse, cette pratique de l'automédication assistée, doublée d'une intense verbalisation, comporte d'invraisemblables recettes de cuisine, inlassablement détaillées. Thérèse dresse au jour le jour le menu, toujours plus étrange, et plus extravagant, auquel elle soumet Mme L** pendant son sommeil magnétique. A la date du 7 avril : *Mademoiselle L..., par les conseils de Thérèse, a commencé l'usage d'un bouillon qui doit purifier son sang très dépravé et très appauvri ; il est composé comme suit : quinze écrevisses bien pilées, une poignée de feuilles de petite sauge dans deux pintes d'eau réduites par le feu à une pinte et demi. Elle doit en boire un verre le matin à jeun, et un en se couchant.*
Elle est pas la suite endormie par Thérèse, puis réveillée et à nouveau endormie. Cette jeune femme souffre de problèmes de matrice, est en proie à des crises de larmes, éprouve des moments d'abattements, etc. Sa clairvoyance thérapeutique

commence à s'affiner et la voici qui se met à dicter à Thérèse son propre menu : *Mettez dans une pinte d'eau une once de miel, une pincée de fleurs d'althéa, autant de fleurs de violettes doubles, quelques zestes de citrons frais, une poignée de fleurs de mauve ; faites bouillir pendant cinq minutes. Lorsque ma crise commencera j'aurai des douleurs affreuses à l'estomac, je demanderai de l'eau tiède ; il faudra me donner de cette infusion, etc.*

Dans le singulier journal du sommeil qu'elle tient, Thérèse note encore que Mademoiselle L**, après avoir bu de l'eau magnétisée, dîne avec elle, toujours en état de somnambulisme. Elles mangent du veau froid et de la salade, accompagnée d'un peu de vinaigre et sans poivre. Le tout avec de l'« eau magnétisée ». Devant Thérèse, L** se parle maintenant directement à elle-même : *Elle s'est ordonné de commencer demain ses bains, à sept heures du matin, de les prendre au vingt-cinquième degré, et d'y rester cinq quarts d'heure.* Voilà une jeune femme qui prend un bain à vingt-cinq degrés pendant une heure et quart. Cette autoprescription revient souvent. Puis elles se quittent, dans un ultime dîner plein de mélancolie et de tristesse : Mademoiselle L**, j'imagine, pleure beaucoup, Thérèse soulève ses cheveux, lui caresse une joue. Je pense qu'elles se regardent assez longuement. Maintenant qu'elle est guérie, L** sait qu'elle va revenir parmi les vivants, et qu'elle aura tout oublié demain. Pourquoi cette mélancolie ?

Quelques jours auparavant, comme la fin du traitement approchait, ce dont elle aurait dû se réjouir, elle cherchait un moyen de redevenir somnambule pendant sa convalescence, mais « c'était une chose impossible, ce qui lui fait beaucoup de peine ». Comme si le sentiment de perte l'emportait sur tout autres considérations médicales, et qu'elle ne pouvait se résigner à voir les choses du dehors, et à redevenir opaque.

Puységur, comme nombre d'auteurs, s'interroge sur la cause du comportement des somnambules dits *naturels*. Puisqu'ils ne sont pas soumis à la volonté de leur magnétiseur, d'où vient qu'ils agissent en dormant, se lèvent la nuit pour engager une activité relativement cohérente, ou totalement extravagante, et parfois complexe, mais *sans le savoir* ni *voir* ce qui se déroule autour d'eux, tout au moins suivant les critères de perception de la veille ? Et s'ils voient, comme l'atteste le cas précédent, et sentent, devinent, comment font-ils ? Sont-ils renseignés sur le monde par l'entremise de leur sens ou en obéissant à quelque instinct mécanique ? La difficulté en la matière est bien que ces êtres, à la fois doués d'hyperesthésie et d'hyper-conscience, malades, prophètes, suprêmement *clairvoyants* ; capables, à en croire la littérature de l'époque, d'indiquer les remèdes, lavements, purges à pratiquer, sont pour ainsi dire comprimés dans le cercle de leur énigmatique présence absence. Ils voient, mais rien de défini, ils entendent les questions qui leur sont posées, mais répondent avec un temps de retard. Comment savoir qui ils sont ?

Un somnambule pourrait être comparé à un homme ayant de forts bons yeux, et que l'on placerait inopinément sur un tertre élevé dominant une vaste plaine : il verrait une immense étendue sans y rien distinguer, admirerait tout sans rien remarquer ; et les plus beaux sites, les objets les plus intéressants seraient souvent ceux auxquels il n'aurait fait aucune attention.

Dès lors qu'ils sont livrés à eux-mêmes, et que leur puissance de clairvoyance n'est pas guidée par un thérapeute, les somnambules paraissent abandonnés à une rêverie sans objet. Tels des errants venus au monde nous rappeler toute l'étrangeté de l'existence, puisqu'il faut parfois l'errance de quelques-uns d'entre-nous, et leur radicale passivité, pour s'en souvenir. *Si vous ne fixez et n'arrêtez pas leur attention sur ce qui doit particulièrement les intéresser, ils ne remarqueront souvent rien dans le vaste et indéfini domaine de leur aperception.* Et c'est ainsi qu'ils se retrouvent sur ce tertre élevé, à voir sans rien distinguer, prenant la mesure de l'horizon, plutôt que des objets qui le composent.

D'où vient que ces errants évoquent irrésistiblement les silhouettes qui nous tournent le dos chez Friedrich et paraissent contempler de vastes horizons ?

Mais dans le vague apparent de cette conscience sans objet ni projet, c'est aussi la singularité d'une perception qui se dessine. Selon Puységur, ou encore Ritter et Baader, la *clairvoyance* des somnambules, qu'ils soient naturels ou provoqués, a justement ceci de remarquable et de caractéristique qu'elle ne dépend nullement du monde actuel ni des données sensorielles, mais procède du dedans, de cet énigmatique « sens interne » qu'évoque Puységur, situé à mi-chemin de la conscience et de l'imagination. C'est bien cette propension à voir au-dehors ses rêves, sans opposition, ou à halluciner le réel à haute voix, les yeux ouverts, qui nous reconduit dans les parages de la folie et de la création : rupture du contrat d'identité du moi, on l'a vu précédemment, mais aussi inversion de l'usage des sens, qui engendrent à présent leur propre objet au lieu de le recevoir, comme les tablettes de cire vierge des empiristes anglais. Telle était, selon Kant, la différence de nature opposant le *visionnaire*, qui transporte ses illusions dans la réalité, au *rêveur éveillé*, qui se retire dans son intériorité sans pour autant nier la réalité des impressions venues du dehors, ni la dualité sujet-objet. Le premier est un fou qui déplace le *focus imaginarius* — foyer où se rassemblent les impressions nerveuses — hors de lui-même : « le propre de cette maladie est que l'homme égaré transporte hors de lui de simples objets de son imagination et les regarde comme des choses réellement présentes devant lui. »

Ainsi fera Novalis qui déclare, dans son journal intime, voir sa fiancée, jeune morte de quinze ans, assise devant lui, comme vivante et ressuscitée : « Plus tard, devant les yeux, j'ai eu tout à fait vivante l'image de ma Sophie — *"En profil"* près de moi, sur le canapé — dans son fichu vert — c'est en des situations et dans des vêtements caractéristiques que je la vois le plus facilement. » Mais c'est une *image* qui est ici encore réelle.

Les somnambules, fous visionnaires, aggravent cette hyper lucidité d'une supra réflexivité, qui n'a plus affaire au processus interne de la conscience (l'autoreprésentation), plutôt à celui de la vision, avec ce que la psychiatrie appelle l'auto-scopie. Nos somnambules prétendent souvent voir l'intérieur de leur propre corps, ou celui de leurs semblables, ou voir à travers les objets, qui deviennent des enveloppes transparentes. Plus encore, les somnambules développent un extraordinaire pouvoir de lucidité médiumnique, qui s'étend à tous les sens et à toute chose, et leur permet de voir à distance, d'entendre de loin, de deviner l'avenir, de se faufiler en esprit dans des appartements pour en décrire le contenu, etc. Tout se passe donc comme si la perception et l'aperception hyperactive des somnambules procédaient de la source interne de leurs yeux, rien ne faisant plus obstacle à l'étendue de leur regard.

Bertrand Méheust rapporte une expérience relative à l'hyper-activation de la vue, à laquelle Bergson lui-même se livra. La scène se déroule chez lui, alors qu'il était professeur de philosophie à Clermont-Ferrand. Plusieurs jeunes gens sont soumis à une suggestion hypnotique. L'un d'eux est alors plongé dans un sommeil magnétique : Bergson lui présente un livre, de dos, à dix centimètres environ sous ses yeux. Or le sujet, rapporte Bergson, parvient à lire les numéros des pages et les titres de chapitres qu'il n'est pas censé voir. « Si je demande à l'un quelconque de ces quatre sujets comment il s'y prend pour deviner le nombre et le mot, il répond invariablement : "je le vois". "Où le voyez-vous ?" "Là ." Et, passant un doigt sous le titre, de manière à pouvoir toucher la page que je regarde, il le pose avec une étonnante précision sur le numéro ou le titre qu'il s'agissait de deviner [...]. Bref, à l'en croire, c'est devant ses yeux que le livre est ouvert, et non devant les miens ; il s'imagine naturellement lire. » Cette inversion de situation est caractéristique du mode de perception des somnambules. Le plus souvent insensibles ou amorphes face aux données et aux sollicitations extérieures (on peut les pincer, les mordre, leur faire renifler des flacons d'ammoniaque, sans qu'ils ne réagissent) ; ils sont en revanche de terribles catalyseurs de force interne. On se souvient peut-être de l'échange entre la dame de compagnie de Lady Macbeth, lorsque celle-ci paraît hallucinée, un flambeau dans les mains, et le médecin, témoin de l'impuissance de la science devant ce phénomène quasi magique.

Le Médecin. – *Vous voyez, ses yeux sont ouverts.*

La Dame. – *Oui, mais leur sens est fermé...*

Ouverts et fermés sont leurs yeux, et fermés, ils sont autrement ouverts.

Pour voir vraiment, il faut parfois fermer les yeux. Tel est le paradoxe que décline toute une tradition idéaliste de la beauté intérieure ou de la vision en dedans, de Plotin à Caspar David Friedrich en passant par Kandinsky et tant d'autres. La vision en dedans qui conduit au dieu intérieur prépare de loin en loin la perception extatique du rêve.

Que sont donc ce voyage et cette fuite ? Ce n'est pas avec nos pieds qu'il faut l'accomplir ; car nos pas nous portent toujours d'une terre à l'autre ; il ne faut pas non plus préparer un attelage ni quelque navire, mais il faut cesser de regarder et, fermant les yeux, échanger cette manière de voir pour une autre, et réveiller cette faculté que tout le monde possède, mais dont peu font usage. (Plotin)

Tout passera donc d'abord par l'œil. Un œil fixe, immobile, captivé (celui de la Lady Macbeth de Füssli, deux doigts tendus, ou de l'acteur somnambule dans *La nuit de Walpurgis*) dit, bien entendu, l'envoûtement du sujet, attiré par une force magnétique, ou soumis à son maître. Mais pas uniquement. Quand le regard est fixe, c'est comme s'il suspendait quelques instants la thèse du monde, et décrochait du réseau des significations habituelles pour mieux en interroger la teneur. En nous fixant sans nous voir, ou en voyant à travers nous, ou au-delà, les somnambules court-circuitent magiquement nos échanges ordinaires dont le présupposé majeur et implicite est, justement, que pour parler avec l'autre, il ne faut pas le fixer. Par la fixation s'opère une immédiate et mortelle réification (« tu veux ma photo ! », disent les enfants quand ils se sentent visés et volés). La possibilité même de l'échange avec autrui, construit sur une parole invisible plutôt que sur le regard, s'en trouve ruinée ou sérieusement ébranlée.

Mais en suivant notre *point de vue*, on ne saurait dire que les somnambules nous regardent ni qu'ils fixent ceci ou cela ; ils regardent purement et simplement de façon intransitive.

Quand on voit l'œil, on ne voit plus le regard. Sartre : « Si j'appréhende le regard, je cesse de percevoir les yeux : ils sont là, ils demeurent dans le champ de ma perception, comme de pures *présentations*, mais je n'en fais pas usage, ils sont neutralisés, hors-jeu (…). Le regard d'autrui masque ses yeux, il semble aller *devant eux*. » Ainsi quand il s'agit de déceler l'identité *objective* du sujet, l'on se tourne vers ses yeux et non plus vers son regard : la science-fiction a souvent exploré cette forme d'identité oculaire objective, inscrite à même l'iris et la pupille : les yeux des répliquants dans *Blade Runner* (sublimes reflets des flammes de Los Angeles, 2019, dans l'œil du début) ; ou machines à identifier les yeux dans *Minority Report* (au point que Cruise se fait arracher les globes oculaires et changer les yeux pour échapper à ses traqueurs).

D'où la répulsion spontanée qu'inspirent des yeux dits *globuleux*. Ceux-là justement qui, pour rendre à rebours la formule de Sartre, vont au-devant du regard, qu'ils masquent. (Il y a peut-être aussi des regards globuleux, alors essentiellement physiques.)

((Ma fille se réveille d'un atroce cauchemar : son frère aîné la regarde, ses yeux sont énucléés. Chaque fois qu'elle tente de retourner dans son sommeil, il y a ces deux orbites vides, d'un noir profond, qui la contemplent, tapies dans son sommeil.))

(((Dans mon sommeil, il y a quelque chose qui voit.)))

Dans le cas présent, les choses se compliquent : les yeux du somnambule se présentent à nous, comme vides et absents ; ils semblent bien effacer son regard. Ce qui nous fait croire que le somnambule ne voit rien. Tout indique pourtant que ses yeux n'interrompent pas leur activité, mais qu'ils la pratiquent autrement, comme s'ils refoulaient, pressaient ou retournaient le regard en dedans. La science magnétique souligne que l'obturation extérieure des sens du somnambule ne signifie pas leur interruption, mais que ceux-ci empruntent d'autres canaux perceptifs. La pulsion scopique des errants est de fait inlassablement soulignée par les philosophes et les thérapeutes des XVIIIᵉ et XIXᵉ siècles, et c'est l'un des plus grands mystères de ce phénomène qui, littéralement, prend en défaut notre façon *de voir* le monde. Tourné en soi, le regard somnambulique opère un élargissement des limites de la vision et, partant, du monde donné qui cesse d'être une extériorité opposée à un vis-à-vis. Ritter, en 1810, dans ses *Fragments posthumes tirés des papiers d'un jeune physicien* : « C'est déjà par une sorte de clair-voir (*clairvoyance*) que nous voyons notre propre corps. Nous-mêmes nous allons plus loin que ce corps, et sommes à proprement parler déjà l'univers même ; en voyant, nous voyons déjà des parties de notre intérieur. Dans le somnambulisme, notre vision devient plus variée, nous voyons au contraire l'intérieur de notre corps comme extérieur. L'idéal, c'est que nous voyions notre corps jusque dans son organisation et sa structure la plus petite et la plus subtile. Il nous est ainsi donné pour ainsi dire un nouveau corps. Mais de ce fait le monde extérieur doit aussi, nécessairement, s'élargir ; ce qui dans les choses est intérieur doit devenir pour nous extérieur. Les dires d'un bon somnambule ne peuvent que confirmer toujours les résultats d'une bonne physique. »

Ce qui se joue là est rien moins qu'une conscience imaginative qui voit à partir de son intériorité fantasmatique. Contrairement aux tenants du « psycho-fluidisme », pour lesquels tout repose sur la volonté du magnétiseur, le courant des « imaginationnistes », fondé par l'abbé de Faria, et suivi par Alexandre Bertrand, considère que l'hyperesthésie somnambulique résulte d'une hypostase de l'imagination, c'est-à-dire aussi de l'inconscient. Cette école attribue à l'imagination créatrice la cause de l'influence des magnétiseurs sur leurs sujets, comme l'origine de la lucidité somnambulique de ces derniers. Comme dans la pensée romantique, l'importance accordée à l'imagination tient ici en grande partie à l'héritage de la magie naturelle issue de la Renaissance (Paracelse, Van Helmont, Ficin, Pomponazzi). Un même fil invisible court à travers toute la pensée rationnelle occidentale reliant ces termes : foi, volonté, imagination, c'est-à-dire image et magie. « Idéalisme magique », dit Novalis. « Idéoplastique », rétorquent les imaginationnistes.

La situation médiane des êtres du sommeil, qui se tiennent sur une frontière située entre la veille et le rêve, est extérieurement restituée par la représentation d'yeux *révulsés*. Le cheval (jument ? étalon ?) du *Cauchemar* de Füssli, sur lequel se déplace l'incube, idole obscure de la nuit, passe sa grosse tête aux yeux blancs à travers un rideau. Mêmes yeux du cheval de la *Ballade de Lénore* d'Horace Vernet. Et l'on ne compte plus les yeux révulsés de zombies et de morts-vivants de plusieurs films fantastiques.

L'œil révulsé est un œil à la fois ouvert et fermé : la pupille, principe subjectif de l'intention de voir, se déplace, se retourne, refoulée par la masse anonyme du blanc de l'œil.

Quand l'œil se révulse, il y a comme un lever de lune qui voile le jour du regard.

Pas plus qu'on ne voit naturellement son dos et le monde derrière nous, on ne se voit dormir. Il faut ici s'en remettre aux autres, à leur jugement, à leur parole. Il paraît, donc, que je dors les yeux entr'ouverts.

« le réel a détruit les rêves de la somnolence ! »

« Quand un homme se met au lit, note Baudelaire après Emerson, presque tous ses amis ont un désir secret de le voir mourir ; les uns pour constater qu'il avait une santé inférieure à la leur ; les autres dans l'espoir désintéressé d'étudier une agonie. » Alors oui, décidément, comment dormir ? C'est souvent chez les écrivains les plus attentifs aux œuvres de l'imagination et du rêve, aux forces du cauchemar et du délire, que s'élève cette complainte : le sommeil, c'est la mort ! *Les Chants de Maldoror* de Lautréamont sont entièrement traversés par cette angoisse du sommeil, sinistre annonciateur de la tombe. Ce texte paru vers 1870 (1868 pour le premier Chant puis 1869) mêle d'extraordinaires tirades lyriques à des épisodes crapuleux de roman de bas étage, non moins étonnants. Il pourrait se lire tout entier à partir de cette hantise du sommeil et du terrible réveil (ce qu'avait pressenti Blanchot en son temps), le sommeil qui est tapi jusque dans la viscosité des fonds marins.

« Quand la nuit obscurcit le cours des heures, quel est celui qui n'a pas combattu contre l'influence du sommeil, dans sa couche mouillée d'une glaciale sueur ? Ce lit, attirant contre son sein les facultés mourantes, n'est qu'un tombeau composé de planches de sapin équarri. (...) Le corps n'est plus qu'un cadavre qui respire. »

Le narrateur entreprend alors de ne plus dormir et de veiller pour refouler la mort.

« Voilà plus de trente ans que je n'ai pas encore dormi, est-il écrit au début de cette strophe. Depuis l'imprononçable jour de ma naissance, j'ai voué aux planches somnifères une haine irréconciliable. C'est moi qui l'ai voulu ; que nul ne soit accusé. (…) Chaque nuit, je force mon œil livide à fixer les étoiles, à travers les carreaux de ma fenêtre. Pour être plus sûr de moi-même, un éclat de bois sépare mes paupières gonflées. » Fameuse scène d'*Orange mécanique*, au cours de laquelle Alex (Malcolm Mac Dowell) est soumis à un programme de rééducation, censé le guérir de ses pulsions violentes : il est enfermé dans une salle de cinéma, avec un casque sur les oreilles (la Neuvième Symphonie de Beethoven diffusée en boucle), obligé de voir pendant des heures plusieurs films violents ou dédiés à la force violente (*Le Triomphe de la volonté* de Leni Riefenstahl), sans pouvoir fermer les yeux, cruellement ouverts avec des sortes de pinces médicales, qu'on pourrait presque prendre pour des forceps. Mais là où s'exerce une torture morale et physique, il est question chez Lautréamont d'une veille volontaire et douloureuse, sans finalité pédagogique. « Jetez un peu de cendre sur mon orbite en feu. Ne fixez pas mon œil qui ne se ferme jamais. » La fixité imposée à l'œil en parodie grotesque et sublime de l'œil divin censé tout voir en permanence. Dieu, cet éternel insomniaque ?

Le sommeil banni et maudit est certes effrayant par ce qu'il annonce. Mais il apparaît surtout aux écrivains de l'« hallucination vraie » (formule de Taine sur la perception), comme le grand rival qui recèle les œuvres inattendues de la nuit. L'écriture et le projet de Lautréamont tiennent peut-être tout entier dans ces mots *d'hallucination* et *d'insomnie*, car tout émerge ici d'un rêve éveillé, aussi inquiétant qu'intense, agressif que passif : le blasphème, le mal, l'érotisme noir et, au premier chef, *l'inspiration devenue hallucination perceptive du réel*. La réflexion de Taine sur l'hallucination dans *De l'intelligence* est d'ailleurs contemporaine de la publication du texte de Lautréamont, même si rien ne prouve que ce dernier en ait eu connaissance : « Les hallucinations dangereuses peuvent venir le jour ; mais, elles viennent surtout la nuit. Par conséquent, ne t'étonne pas des visions fantastiques que tes yeux semblent apercevoir. » Et dans un passage fameux où Dieu est violement pris à partie : « Ne tarira point ma verve épouvantable ! Elle se nourrit des cauchemars insensés qui tourment mes insomnies. »

Garder les yeux ouverts en permanence devient, dans ces conditions, la métaphore, plus même qu'une métaphore, le signe réel que le fantastique se déploie dans le monde ordinaire, et que l'obstacle du sommeil retardant l'entrée de l'imaginaire dans la vie a été levé. Peut-être épuisement de notre veilleur, qui provoque des délires, le voilà qui rêve. S'il rêve, il le fait littéralement les yeux ouverts (toujours écarquillés par l'éclat de bois). « Cependant, il m'arrive quelquefois de rêver, mais sans perdre un seul instant le vivace sentiment de ma personnalité et la libre faculté de me mouvoir : sachez que le cauchemar qui se cache dans les angles phosphoriques de l'ombre, la fièvre qui palpe mon visage avec son moignon, chaque animal impur qui dresse sa griffe sanglante, eh bien, c'est ma volonté qui, pour donner un aliment stable à son activité perpétuelle, les fait tourner en rond. » Mais ici nul enchantement n'est à l'œuvre, il n'est pas question de « romantiser le monde », ou de conjuguer l'art et la vie : la priorité est avant tout d'évacuer le sommeil pour se délivrer du réveil, et par là même peut-être aussi de conjurer le réel. Dans un des rares passages vraiment paisibles de son texte, Lautréamont exhorte un hermaphrodite perdu dans de belles illusions à ne pas se réveiller : « Ne te réveille pas, hermaphrodite ; ne te réveille pas encore, je t'en supplie. Pourquoi ne veux-tu pas me croire ? Dors…dors toujours. Que ta poitrine se soulève, en poursuivant l'espoir chimérique du bonheur, je te le permets ; mais, n'ouvre pas tes yeux. Ah ! N'ouvre pas tes yeux ! Je veux te quitter ainsi, pour ne pas être témoin de ton réveil. »

Soit dormir toujours, soit veiller toujours, telles sont les deux alternatives possibles. Toute l'affaire serait d'évacuer le *passage* douloureux, infernal, de l'un à l'autre. La seconde possibilité, qui revient pour ainsi dire à arracher le voile ou la membrane du sommeil (les paupières), permet de saisir directement et sans illusion trompeuse le réel comme un univers fantasmatique, et de faire du rêve une activité réelle. Les songes volontaires et extérieurs, tels qu'ils sont ici envisagés, seront donc les produits d'une activité libre et d'un corps épuisé, tendu à l'extrême. C'est pourquoi ils sont comme arrachés au hasard du rêve ordinaire, caché dans les replis du moi. Lautréamont condense cette situation en une formule remarquable, en raison notamment de son ambiguïté grammaticale : « Le réel a détruit les rêves de la somnolence ! » Ce qui peut signifier que le réel annule les rêves attachés au sommeil, et qu'il en est donc l'exacte antinomie. Mais cette destruction est autre chose qu'une simple formule négative, on y lira également le passage d'un plan à un autre où se joue sourdement un transfert d'essence. C'est aussi ce que confirme une autre formule tirée du Chant premier : « Celui qui dort pousse des gémissements, pareils à ceux d'un condamné à mort, jusqu'à ce qu'il se réveille, et s'aperçoive que la réalité est trois fois pire que le rêve. » Aussi ce que le réel détruit n'est-il pas tant les rêves eux-mêmes que l'état de torpeur où ils végètent, en un mot le sommeil, dont il les extirpe. « Le réel a détruit les rêves de la somnolence ! », c'est que le réel, mis à nu, n'est autre que le rêve lui-même, une fois que la gangue protectrice, rassurante et mensongère du sommeil, en a été ôtée.

l'œil même

L'histoire des premiers temps du cinéma est remplie d'yeux écarquillés. Expressionnisme outré d'acteurs à qui manque la parole ? Peut-être. Mais autre chose est en jeu. Le cinéma de Lang (les premiers Mabuse, *Mabuse, der Spieler*, *Inferno*, les yeux qui envahissent l'écran lors d'une scène de cauchemar éveillé dans *Métropolis*), les *Vampires* de Louis Feuillade, et tant d'autres muets, soulignent surtout la proximité quasi clinique du protocole de l'hypnose avec la perception filmique : fixer un écran pendant plusieurs heures n'est-ce pas accéder à une expérience contemplative à peu près unique jusqu'alors ?

Accéder à un autre plan de réalité, dans ces conditions, revient à dénouer ce lien (voir un film = contempler = fixer sans bouger des corps animés qui regardent et passent devant nous, sans nous voir). Le dénouer ou trancher net ce lien.

Premier plan d'*Un chien andalou* de Buñuel, toujours difficile à *voir*. L'œil féminin (celui d'un bœuf épilé et maquillé) coupé en deux par la lame d'un rasoir, comme pour dire : on n'entre pas ici comme ailleurs. Avec l'oublieuse évidence du regard. Pour voir autre chose, il faut voir autrement. Tel serait le sens de ce prologue, ce qui n'avait pas échappé à Jean Vigo. Perdre la vue, non pas, plutôt faire sortir le globe gélatineux et la masse inconsciente de son orifice étroit ; trou noir de l'être voyant. La terrible lame désensorcelle le spectateur. Réveillez-vous, car voici des rêves vrais.

le sommeil de l'autre

La première nuit que je passais avec elle, je m'éveillai vers les trois heures du matin pour allumer une petite lampe et la regarder dormir. Je sentais obscurément que nous n'irions pas très loin ensemble (mais j'ignorais que cela voulait dire : quatre années de disputes épuisantes). Etait-ce cela que j'essayais déjà de déchiffrer sur ses traits, son nez fin, ses paupières énigmatiques, ses doigts noueux, qui étaient sûrement des signes de la complexité de ce que nous aurions à vivre, ses longs cheveux blonds ? C'était avant les grandes marches épuisantes ; une retenue, un retrait, une question que je posais avec les yeux.

Il y eut cette autre nuit, vers la fin, de sexe brutal, où il fallait vraiment dévorer l'autre, pour en finir avec l'incompréhension. Au matin, sur la plage, elle était encore plus lointaine, moi perdu, je cherchai sa main, qu'elle me refusa. Il existe une photo d'elle ce matin-là, elle n'avait jamais été aussi belle. J'ai bien sûr perdu cette photo. Mais cette première nuit, je contemplais ses paupières. Je ne les embrassai ni ne les pressai avec mes doigts, comme ce personnage du roman de Jonathan Coe, *La Maison du sommeil* qui déclare à celle qu'il aime que ses paupières sont la plus belle partie de son corps : *et alors elle lui demanda : « Quand donc as-tu fait la connaissance intime de mes paupières ? », et il répondit : « Quand tu étais endormie. J'aime te regarder quand tu dors. » Et ce fut pour Sarah le premier présage, le premier indice de la tendance de Grégory à se planter devant le lit des gens, pour contempler leur sommeil, ce qu'elle considéra bientôt comme le signe intéressant d'une intelligence curieuse, mais elle se mit bientôt à se demander s'il n'y avait pas là quelque chose de sinistre, de presque fétichiste, dans ce désir d'observer un corps inconscient, abandonné, tandis que lui, l'observateur, gardait le plein contrôle de son esprit en éveil. Dès lors, elle eut de la peine à s'endormir, en sachant qu'à tout moment de la nuit il pouvait sauter du lit pour la contempler au clair de lune. (C'était avant qu'elle n'eût accru son intérêt en lui parlant de ses rêves, rêves tellement concrets que parfois elle ne pouvait pas les distinguer de sa vie éveillée.)*

Est-ce une superstition enfantine, mais il m'a longtemps semblé étrange, impossible même que ces simples petits rideaux de chairs suffisent à éteindre la puissance de l'œil ? Hypothèse n° 1 : l'œil n'interrompt jamais son activité. Hypothèse n° 2 : sous les paupières, les rêves sourdent. La science souligne d'ailleurs que la période du sommeil, dite paradoxale, au cours de laquelle se forme l'essentiel des rêves, est caractérisée par une intense activité cérébrale et, plus particulièrement, par de nombreux et rapides mouvements oculaires. Les rêves, dont les romantiques soulignent génialement la qualité visuelle singulière, sorte de peinture libre et sans modèle identifiable, prolongent l'activité momentanément contrariée ou modifiée de l'œil. L'œil roule en dedans. Tel un projecteur, il se fait son film. Goethe, bien sûr : « Je crois que si l'on rêve, c'est uniquement pour ne pas cesser de voir. Et il se pourrait bien qu'un beau jour la lumière intérieure se répandit au-dehors, de telle sorte que nous n'aurions besoin d'aucune autre. »

ultime insomnie

Les grands rêveurs et enquêteurs de nuit (Novalis, Lautréamont, Hugo) finissent par affirmer qu'il faut supprimer le sommeil. Le sommeil serait-il une maladie, comme l'estime le responsable de l'inquiétante clinique du roman de Jonathan Coe ? Une faiblesse, une coupable perte de temps, le tiers de notre vie livrée aux oubliettes ? Hypothèse n° 3 : diminution progressive du sommeil, jusqu'à disparition de celui-ci. Il ne s'agit toutefois pas d'annuler le sommeil pour travailler davantage ni d'abolir la passivité de la nuit (atonie musculaire, dit la science, pendant le sommeil paradoxal). Travaillez plus et toujours peut aussi devenir une formule de substitution à l'ivresse dormitive. Flaubert recommande à Louise Collet le 26 juillet 1851 : « Lisez et ne rêvez pas. Plongez-vous dans de longues études ; il n'y a de continuellement bon que l'habitude d'un travail entêté. Il s'en dégage un opium qui engourdit l'âme. »
Supprimer le sommeil pour faire passer définitivement les rêves au-dehors, en finir avec le dehors.

Bannir le sommeil. (Arbitraire — instinctif.) Le sommeil caractérise uniquement les habitants des planètes — L'homme sera un jour à la fois constamment endormi et éveillé. La part la plus importante de notre corps, de notre humanité elle-même, dort encore d'un sommeil profond. (Novalis)

Un beau jour, donc, Novalis décide de ne plus dormir. Il prévient Caroline, la jeune épouse de Schlegel, dormir ressemble fort à une ivresse sensuelle : on s'y adonne sans réserve et d'autant plus aisément que c'est *naturel*. Mais l'amour est tout de même autre chose que cela. Et vivre, ce doit être autre chose que dormir, se réveiller, dormir, se réveiller. Machine aveugle qui parfois s'emballe, et tout s'arrête brutalement, sans qu'on comprenne pourquoi. Ça se passe vers 1798, Novalis est dans la maturité de sa jeunesse. Autant dire au cœur de sa vie. Il lui reste à peine deux ans. Il doit le savoir, c'est-à-dire le pressentir, comme tout le reste. Alors il décide d'en finir avec la comédie du sommeil. Ce projet, qui ressemble fort à un suicide, vise à rassembler tous les points divergents et les états épars de la vie consciente et inconsciente dans le foyer unique et incandescent de son amour nocturne. Car ici le sommeil se fait mystique : suppression du sommeil naturel et involontaire. Dormir, ou mourir, pour rejoindre la bien-aimée, Sophie, jeune morte de quinze ans, revient exactement à veiller, pour l'éternité, et à ouvrir d'autres yeux pour regarder au fond du sommeil.

Plus célestes que les étoiles scintillantes nous semblent les yeux infinis que la nuit a ouverts en nous. (...) Louange à la reine du monde, l'Annonciatrice suprême d'univers sacrés, elle qui prend soin d'un amour bienheureux — elle t'envoie à moi — tendre bien-aimée — soleil adorable de la nuit — à présent, je veille — car je suis tien et mien — tu m'as révélé la nuit pour la vie — (...).

Il y eut d'abord cette route, sur laquelle je marchais sans savoir si je la suivais, ou si elle se déroulait d'elle-même, tel un tapis roulant. Une route qui passait par une rue. Et puis, c'est moi qui suis parti et l'ai laissée là-bas, dans sa chambre de jeune fille au pair, m'arrachant brutalement à ce mal que je n'en revenais pas d'avoir supporté, et aimé, pendant si longtemps. (Je revenais de New York, où j'avais encore arpenté la ville en tous sens, Battery Park, Alphabet City, Little Odessa, Brooklyn Heights, Little Italy, Le Village, plan quadrillé d'une ville labyrinthe qui ne dort jamais, et moi donc, à peine.) Un jour en particulier, qui était sa nuit là-bas en France, je sus d'instinct qu'il y avait quelqu'un d'autre. Ce savoir lointain saisit seulement mon corps de la tête au pied, sorte de foudre négative pour laquelle je ne disposais naturellement d'aucun paratonnerre. Je devinais son silence habité par un autre. Depuis des mois déjà, elle se détachait lentement comme un iceberg, c'est-à-dire que nos éclats de surface faisaient vraiment se déplacer un continent. J'étais entre deux plaques géologiques. Sans le savoir. C'est un énième coup de fil que je passais dans mon jour et sa nuit qui me l'apprit brutalement. Hurlement du téléphone que personne ne décroche. Ainsi je remontais la rue Jacob et la rue de l'Université, puis descendais le long des quais, prenant à rebours la circulation très dense du petit matin, et de prendre ce chemin familier dans l'*autre sens*, dans l'ivresse de la fatigue, c'était ma libération et ma victoire. La rue devint une route, plus tard, à vélo, dans un crépuscule du soir, avec une autre femme qui m'avait cherché aussi, comme moi je l'avais cherchée, mais dans un autre sens, et pourtant dans la même ville, et l'amour ne pouvait être que cela, et des peupliers penchés dans le vent, des champs de blés à perte de vue, gardant le secret de leurs mondes minuscules (insectes, pucerons, fourmis), sur tout cela passait l'ourlet de ses lèvres délicieuses. Et ce fut là-bas encore dans un froid sec, ciel bleu, les chaussures trempées par la neige, qui craquait de toute part, dans cette forêt blanche, qu'elle me donna ce très impudique baiser de diable au corps. *Who shall deliver me ?*, disait son dessin en souvenir d'une toile de Fernand Khnopff. Je vibrais de nous avoir retrouvés dans un monde d'objets où quelques interstices laissent parfois seulement passer des regards étincelants. Dans *Le Charme discret de la bourgeoisie* de Buñuel, les protagonistes qui marchent régulièrement, Tom Cruise dans *Eyes wide shut* arpente la ville et des couloirs sans fin, comme si le labyrinthe de *The Shining* s'était ouvert dans un espace plus grand encore. Une route enfin, et une ambulance qui nous conduit aux Urgences avec notre premier enfant, évanoui, raide, yeux révulsés dans mes bras. Son hurlement à elle. Revenir chez soi, après, et s'asseoir devant son petit lit vide à se sentir mourir ; puis le guetter sur une chaise au sortir de sa convulsion dans une chambre d'hôpital. Et se méfier encore et toujours du sommeil qui ne bouge pas. Les yeux ouverts. Et leur sens est fermé. Les siens et ceux des enfants qui naissent, poissons aveugles, un temps, remontés des abysses de la femme et des fonds de mémoire. Objets éparpillés, désordre, milliers d'objets confondus dans une vie qui trace son chemin sinueux, un flambeau à la main, et c'est un labyrinthe tracé par nos pas.

Est-ce notre faute si nous marchons toujours çà et là ? Une chambre d'enfant, à ranger, à quatre pattes, puis déménager, dans un autre coin de la vie. Encore. Avec la patience et l'impatience d'être toujours vivant.

la nuit traversée

Parler de la nuit, en tirer une image ou deux, un poème, un récit, ce sera toujours entrer par effraction dans un monde qui ne nous est pas d'emblée destiné ; c'est ressentir aussi ce qu'est le monde sans nous, celui qui nous précède et celui qui nous suivra. Alors cette nuit-là sera *traversée*, seule manière de conjurer les terribles menaces qu'elle fait peser sur notre être. Une traversée effectuée un flambeau à la main, comme la *Lady Macbeth* somnambule de Füssli, ou muni d'une lampe torche, telle l'infirmière qui accompagne sa maîtresse hagarde, possédée par un rite haïtien de zombification, dans le *Vaudou* de Jacques Tourneur. Les deux femmes avancent dans un dédale végétal d'herbes hautes et sèches, qu'on entend craquer à l'écran. La jeune infirmière cherche le dieu *Carrefour*. Ainsi est nommé le gardien du lieu de culte où sa maîtresse doit être désenvoûtée. Il surgira d'un coup, comme tout ce qui effraie l'enfance, sous les traits d'un homme totémique, grand, sec, les yeux révulsés.

Je me retourne pour voir la route de campagne que nous avons traversée rapidement, avec la brutalité d'un couteau lumineux qui aurait déchiré une toile. Elle replonge immédiatement dans le noir, n'ayant attendu que cela, et se noie sous mes yeux écarquillés dans son obscurité liquide. Cette nuit qui met tout en œuvre pour nous rappeler que nous sommes des êtres provisoires me fascine et me terrifie ; elle me donne envie de fuir et de me blottir contre toi. Plus nous allons vite et plus s'aggrave la possibilité des fantômes. La fuite accélère les peurs qu'elle prétendait écarter.

Pourtant j'aimerais me souvenir d'une douce nuit ; l'une où l'on marche côte à côte. Quand les étoiles à portée de main sont des grains de raisins à cueillir. Une nuit d'espérance qui conduit à la pointe du jour. Mais Baudelaire lui-même n'en était pas sûr. *Et, comme un long linceul traînant à l'Orient. Entends, ma chère, entends...*

Je me retourne à nouveau. Nous sommes ailleurs, à moins que la même route n'ait jamais cessé de filer et de s'étirer depuis l'enfance, à travers toutes ces voies prises, et ces pistes parcourues, ces villes et ces campagnes inconnues. Je me retourne, et c'est Orphée qui crie le nom d'Eurydice dans l'opéra de Gluck, ton préféré, et son cri vient de là-bas, de la nuit des souffrances. Alors oui, j'entends, je n'entends même plus que cela. Nuit traversée vers la lumière, où ils seront séparés à jamais. Je savais bien qu'il ne fallait pas se retourner.

Les immeubles s'effacent les uns après les autres, telles des cartes insignifiantes. La ville se prépare, elle aussi.

Je revois dans ce taxi qui nous emmène, parce que c'est inscrit ici, partout, et que je n'invente rien – dans la ville, dehors, dans la pierre, sur les murs –, je revois les nuits folles et ivres, traversées encore, et en tout sens, à deux et plus. Nuits égoïstes et éternelles de la jeunesse. A traîner nos pas dans des cafés d'aéroport, à regarder les avions partir, à imaginer la vie, puis dans des docks perdus, des halls, au milieu de la folle agitation du monde nocturne qui nous ressemblait tant. Sur les hangars, les cubes blancs de polystyrène, chargés de poissons, étaient les seuls points lumineux. Nous nous promettions de ne plus voir le jour ; cette traîtrise.

Je revois Corinne Marchand dans *Cléo de cinq à sept*, belle et inquiète, qui se sait déjà condamnée, toujours charmante, capricieuse, enfant gâtée. Je revois ce Paris des années 1960 qu'elle regarde défiler depuis un taxi, comme si nous-mêmes avions pris, pour un instant magique, le même véhicule ce jour-là : le Pont-Neuf, la rue Mazarine, le carrefour Dauphine, l'Odéon, le Luxembourg, Montparnasse, la rue Huygens. Comment pourrais-je ne pas revoir tout ce qu'elle a vu, elle aussi, au même âge, et que j'ai traversé mille fois depuis ?

Sa main rongée par la maladie est posée à côté de moi, je la regarde tandis que le taxi se gare devant l'hôpital, et je me dis qu'il faudrait la prendre dans la mienne, cette main, puisque nous sommes enfin arrivés, et je ne peux pas. Depuis deux mois, je n'arrive plus à lui téléphoner que dans un bruit ambiant, près d'une gare, ou d'une route, quand filent les voitures droit devant, pour être sûr ne pas entendre ce qu'elle ne pourra pas me dire.

Sois sage, ô ma Douleur, et tiens-toi plus tranquille... Elle relisait ce poème avant de partir ; sa valise était prête depuis la veille.

*

Il fait encore jour ; c'est une chambre d'hôpital. Une autre. Et le couloir n'est pas sans fin. Il s'achève au deuxième étage avec une porte fenêtre, tout au fond, où je cogne mon front. Il y a mon enfance dont je ne me souviens déjà plus. Ou peut-être quelques souvenirs qui tiennent dans une main, de pauvres restes minuscules, bribes, trois images tout au plus. Un kaléidoscope brisé. Trou noir ou écran blanc. Tout est plus lent ici. Les visages sont plus creusés. La vraie agitation pourtant qui, de temps à autre, remue l'espace, sous la forme d'un chariot, d'une visite timide ou décidée, d'un plateau repas, dit qu'il y a des vivants et des morts côte à côte. Je suis entre des plaques qui se déplacent, toujours, mais pas sûr d'être du bon côté. J'aimerais en savoir plus. Mais je ne saurai rien.

Il y a ce sourire qui flotte – si beau, si tendre –, un sourire irréel sur son visage miné par la maladie. Un sourire qui s'adresse à nous, et à personne à la fois. C'est un secret vivant, c'est le dernier. C'est son secret. Celui qu'elle ignorait sans doute elle-même, ainsi qu'il en va des vrais secrets, si intenses que leur propriétaire les portent sans rien en savoir – secret de ces années passées sans se douter qu'elles étaient si importantes à n'être qu'elles-mêmes. Nous allons partir, à la fois tristes et soulagés de partir. Elle tourne la tête après que nous l'avons embrassée. Nous sommes là, sur le seuil, la main posée sur la poignée. « Vous revenez tout à l'heure ? Je n'aime pas quand la nuit tombe. »

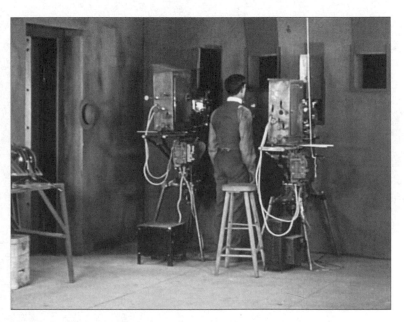

Sherlock Junior de Buster Keaton

Les chapitres suivants, « Dîner de somnambules », « *Eyes wide shut* », « Le sommeil de l'autre », « Ultime insomnie », ont paru sous une forme légèrement différente dans le numéro d'été 2006 de la revue *Vacarme*, sous le titre *Extraits du sommeil*.

« Des machines hantées » a paru dans une version plus courte sous le titre « Les Filles d'Ève : androïdes et machines sexuelles », dans le numéro 33 de *Chronic'art*, pour accompagner l'exposition de la galerie Léo Scheer, *We are the Robots*.

sources des textes

Les références sont signalées par ordre d'apparition dans le texte.

avant-propos

Kant Emmanuel, *Le Conflit des facultés*, in *Œuvres philosophiques* (sous la direction de Ferdinand Alquié), trad. Alain Renaut, « Bibliothèque de la Pléiade », Paris, Gallimard, tome III, 1986, III e section, p. 919 et p. 912.

– *Anthropologie du point de vue pragmatique*, trad. Michel Foucault, Paris, Vrin, 1979, § 37, p. 63 (pour les deux citations).

Nabokov Vladimir, *Ada ou l'ardeur*, trad. Gilles Chahine (avec la collaboration de Jean-Bernard Blandenier, traduction revue par l'auteur), Paris, Fayard, 1975, p. 678. On peut également se reporter à un petit texte suggestif de Nabokov intitulé « Le rire et les rêves », in *La Vénitienne et autres nouvelles*, trad. Bernard Kreise, « Du monde entier », Paris, Gallimard, 1990, p. 21-24.

Blanchot Maurice, *L'Espace littéraire*, « Idées », Paris, Gallimard, 1955, p. 362 et p. 363.

Méheust Bertrand, *Somnambulisme et médiumnité*, t. I et II, Le Plessis-Robinson, Les Empêcheurs de penser en rond, 1999.

premiers déplacements

Bachelard Gaston, *L'Air et les songes. Essai sur l'imagination du mouvement*, Paris, José Corti, 1987, p. 46.

Proust Marcel, *A la Recherche du temps perdu*, « Bibliothèque de la Pléiade », Paris, Gallimard, 1954, t. I, p. 5.

NOVALIS, *Semences*, trad. Olivier Schefer, Paris, Allia, 2004, p. 271.

l'autre nuit

LEOPARDI Giacomo, *Zibaldone*, trad. Bertrand Schefer, Paris, Allia, 2003, p. 202 et p. 1653.

MERLEAU-PONTY Maurice, *Phénoménologie de la perception*, Paris, Gallimard, 1945, p. 191.

RISSET Jacqueline, *Puissances du sommeil*, « La Librairie du XXe siècle », Paris, Seuil, 1997, p. 30.

PROUST Marcel, *A la Recherche du temps perdu*, *op. cit.*, p. 5.

NIETZSCHE Friedrich, *Le Crépuscule des idoles*, « Maximes et pointes », 33, in *Œuvres*, t. II, trad. Henri Albert (révisée par Jean Lacoste), « Bouquins », Paris, Robert Laffont, 1993, p. 1993 .

la maladie des somnambules

MAUPASSANT, *Le Horla*, in *Contes et nouvelles*, « Bibliothèque de la Pléiade », Paris, Gallimard, 1979, t. II, p. 919-920.

GAUTIER Théophile, *Onuphrius*, in *Récits fantastiques*, Paris, Maxipoche, 1993, p. 58.

BARBEY D'AUREVILLY, *Un Prêtre marié*, in *Œuvres romanesques complètes*, « Bibliothèque de la Pléiade », Paris, Gallimard, t. I, 1964, p. 1120 et p. 1130-1135.

questions de rêve

GAUTIER Théophile, *Histoire du romantisme*, Paris, Charpentier et Cie, Libraires-Éditeurs, 1874, p. 72.

BACHELARD Gaston, *La Poétique de la rêverie*, Paris, Puf, 1984, p. 126.

CHAMISSO Adelbert von, *La Merveilleuse Histoire de Pierre Schlemihl*, in *Romantiques allemands*, t. II, « Bibliothèque de la Pléiade », Paris, Gallimard, 1973.

obsession de veilleur

CENDRARS Blaise, *Le Lotissement du ciel*, Paris, Folio-Gallimard, 1996, p. 388-389.

la couleur des rêves

CLAIR René cité par Charles Pornon in *L'Écran merveilleux. Le rêve et le fantastique dans le cinéma français*, Paris, La Nef de Paris éditions, 1959, p. 123.

BENJAMIN Walter, *Fragments*, trad. Christophe Jouanlanne et Jean-François Poirier, Paris, P.U.F., 2001, p. 121-122.

ciné-rêve

PONTALIS J.-B., *Entre le rêve et la douleur*, Paris, Gallimard, 1983, p. 28.

FREUD Sigmund, *L'Interprétation des rêves*, trad. I. Meyerson, Paris, P.U.F., 1980 (1ʳᵉ éd. 1926), p. 255.

ARTAUD Antonin, *Œuvres complètes*, t. III, Paris, Gallimard, 1978, p. 66-67 (je souligne un passage).

WARHOL Andy, *Entretiens, 1962/1987*, Paris, Grasset, 2006, p. 64.

LACOSTE Patrick, *L'Étrange cas du Professeur M. Psychanalyse à l'écran*, « Connaissance de l'inconscient : curiosités freudiennes », Paris, Gallimard, 1990.

NOVALIS, *Henri d'Ofterdingen*, in *Romantiques allemands*, « Bibliothèque de la Pléiade », Paris, Gallimard, 1976, p. 502, (trad. modifiée). Novalis écrit : *Die Welt wird Traum, der Traum wird Welt*.

BÉGUIN, Albert *L'Âme romantique et le rêve*, Paris, José Corti, 1986, p. 96.

DELEUZE Gilles, *L'Image-temps. Cinéma 2*, « Critique », Paris, Minuit, 1999, p. 79.

HITCHCOCK TRUFFAUT, Paris, Gallimard, 2006, p. 137.

marche, errance, déambulation

SHAKESPEARE William, *Macbeth*, dans trad. Maurice Maeterlinck, *Œuvres complètes*, t. II, « Bibliothèque de la Pléiade », Paris, Gallimard, 1988, p. 999-1000.

MÉTRAUX Alfred, *Le Vaudou haïtien*, Paris, Tel-Gallimard, 2003, p. 250-251.

sur la frontière

MEYRINK Gustav, *La Nuit de Walpurgis*, trad. Jean-Jacques Pollet, Paris, GF-Flammarion, 2004, p. 41-42.

BARBEY D'AUREVILLY, *Un Prêtre marié*, in *Œuvres romanesques complètes*, *op. cit.*, p. 1120.

intouchables

HOFFMANN E. T. A., *Le Spectre fiancé*, trad. Loève-Veimars, Paris, GF-Flammarion, 1980, p. 344.

intouchés

DU MAURIER George, *Peter Ibbetson*, trad. Raymond Queneau, « L'imaginaire », Paris, Gallimard, 2005, p. 177.

une énigme kantienne : la raison somnambule

KANT Emmanuel, *Fondements de la métaphysique des mœurs*, in *Œuvres philosophiques* trad. Victor Delbos (revue par Ferdinand Alquié), t. II, p. 267. *Recherche sur l'évidence des principes de la théologie naturelle et de la morale*, *op. cit.*, t. I, p. 234-235, (pour les trois citations), et *Rêves d'un visionnaire expliqués par des rêves métaphysiques*, *ibid.*, p. 551, (pour les deux citations). Sur cet aspect de la pensée kantienne, voir Pierre CARRIQUE, *Rêve, vérité. Essai sur la philosophie du sommeil et de la veille*, Paris, Gallimard, 2002, en particulier le chapitre V, « Kant : le rêve et la raison pure », p. 111-152.

contradictions : unité et dualité

CENDRARS Blaise, *Le Lotissement du ciel*, *op. cit.*, p. 437.

RITTER Johann Wilhelm cité par Béguin dans *L'Âme romantique et le rêve*, *op. cit.*, p. 76.

BAUDELAIRE Charles, « L'Art philosophique », in *Œuvres complètes*, « Bibliothèque de la Pléiade », Paris, Gallimard, 1976, t. II, p. 598.

GAUTIER Théophile, *La Morte amoureuse*, *op. cit.*, p. 104-105.

BAUDELAIRE Charles, *Du Vin et du hachisch, comparés comme moyen de multiplication de l'individualité*, in *Œuvres complètes*, « Bibliothèque de la Pléiade », Paris, Gallimard, t. I, 1975, p. 398.

JAMES Tony, *Vies secondes*, trad. Sylvie Doizelet, Paris, Gallimard, « Bibliothèque de l'inconscient », 1997.

STEVENSON Robert Louis, *Le Cas étrange du Dr Jekyll et de M. Hyde*, trad. Théo Varlet, Paris, GF-Flammarion, 1994, p. 114 et p. 115.

zrcadlo

MEYRINK Gustav, *La Nuit de Walpurgis*, *op. cit.*, p. 44 et p. 115.

au doigt et à l'œil

PUYSÉGUR A. M. J. C., *Recherches, expériences et observations physiologiques sur l'homme dans l'état de somnambulisme naturel et dans le somnambulisme provoqué par l'acte magnétique*, Paris, J. G. Dentu Imprimeur-Libraire, 1811, p. 426.

DUMAS Alexandre, *Joseph Balsamo*, « Bouquins », Paris, Robert Laffont, 1990, p. 123-124.

MÉHEUST Bertrand, *Somnambulisme et médiumnité*, t. I, *op. cit.*, p. 543.

MAUPASSANT Guy de, *Un Fou ?*, in *Contes et nouvelles*, *op. cit.*, p. 312.

appétits nocturnes

NODIER Charles, « De quelques phénomènes du sommeil », in *Rêveries*, Paris, Plasma, 1979, p. 121.

RANFT Michaël, *De la mastication des morts dans leurs tombeaux*, Grenoble, Jérôme Millon, 1995, p. 39 et p. 111.

vertigo imago

BOILEAU et NARCEJAC, *D'entre les morts*, Paris, Robert Laffont, p. 472

NERVAL, *Sylvie*, in *Œuvres complètes*, « Bibliothèque de la Pléiade », Paris, Gallimard, 1993, t. 3, p. 539. Voir aussi Corinne Bayle, *Gérard de Nerval. La marche à l'étoile*, Paris, Champ Vallon, 2001, p. 112-133.

DANEY Serge, in *Ciné journal*, 1981-1982, « Petite bibliothèque des Cahiers du Cinéma », Paris, Gallimard, vol. I, 2005, p. 63.

des machines hantées

VILLIERS DE L'ISLE-ADAM, *L'Ève future*, Paris, José Corti, 1977, p. 360, p. 366.

dîner de somnambules

PUYSÉGUR A. M. J. C., *Recherches, expériences et observations physiologiques sur l'homme dans l'état de somnambulisme naturel et dans le somnambulisme provoqué par l'acte magnétique*, *op. cit.*, p. 164-165, p. 172-173, p. 188.

Eyes wide shut

PUYSÉGUR A. M. J. C., *Recherches, expériences et observations physiologiques sur l'homme dans l'état de somnambulisme naturel et dans le somnambulisme provoqué par l'acte magnétique, op. cit.*, p. 423.

KANT Emmanuel, *Rêves d'un visionnaire expliqués par des rêves métaphysiques*, in *Œuvres philosophiques, op. cit.*, t. I, p. 560.

NOVALIS, « Le Journal intime après la mort de Sophie », in *Œuvres complètes*, trad. Armel Guerne, Paris, Gallimard, t. II, 1975, p. 152. Comparer avec ce qu'il écrit de la foi faiseuse de miracle (*wunderthätig*) reliée à la foi imaginative dans son *Brouillon général*, trad. Olivier Schefer, Paris, Allia, 2000. Au fragment n° 603, il note ceci : « En croyant que ma petite Sophie est là et peut apparaître, et en me comportant d'après cette croyance, elle est alors *à mes côtés* − et m'apparaît infiniment, précisément là où je ne *l'attendais* pas. En moi, peut-être comme mon âme, etc., (Théorie du hasard et de la nécessité) et du coup vraiment *hors de moi* − car l'extériorité véritable ne peut agir qu'à travers moi, en moi et sur moi − et dans une relation plaisante. De l'illusion des sens. »

Le texte de Bergson est extrait d'un article de 1886 paru dans la *Revue philosophique*, sous le titre « De la simulation inconsciente dans l'état hypnotique ». Il est cité par Bertrand Méheust dans *Somnambulisme et médiumnité, op. cit.*, t. 1, p. 163-164. Sur l'école imaginationniste, voir Méheust, p. 330 *sq.*

PLOTIN, *Ennéades I, 6, Du Beau*, trad. Émile Brehier, Paris, Les Belles Lettres, 1989, p. 105.

SARTRE Jean-Paul, *L'Être et le néant*, Paris, Gallimard, 1980, p. 304.

RITTER Johann Wilhelm, *Fragments posthumes tirés des papiers d'un jeune physicien*, trad. Claude Maillard, Charenton, Premières Pierres, 2001, p. 200.

« le réel a détruit les rêves de la somnolence ! »

BAUDELAIRE Charles, *Fusées*, IV, in *Œuvres complètes*, t. I, *op. cit.*, p. 652.

BLANCHOT Maurice, *Lautréamont et Sade*, Paris, Minuit, 1963, p. 77 : « [...] si le sommeil est la lucidité prisonnière, s'il est la stupeur du fond du sommeil, s'il est le rêve, comment ne pas reconnaître dans *Maldoror* l'œuvre la plus imprégnée de sommeil, celle qui représente le plus fortement la tragédie de la lutte paralysée au sein de la nuit ? ». Voir aussi les p. 88-89.

LAUTRÉAMONT, *Les Chants de Maldoror*, in *Œuvres complètes*, « Bibliothèque de la Pléiade », Paris, Gallimard, 1980, (Chant cinquième, Strophe 3) p. 197, p. 196, p. 198, (Chant premier, Strophe 12), p. 71, (Chant deuxième, Strophe 3), p. 84, (Chant cinquième, Strophe 3), p. 196, (Chant deuxième, Strophe 7), p. 96, (Chant cinquième, Strophe 3), p. 198, (Chant premier, Strophe 12), p. 70.

le sommeil de l'autre

COE Jonathan, *La Maison du sommeil*, trad. Jean Pavans, Paris, Gallimard, 1998, p. 35-36.

GOETHE W., *Les Affinités électives*, trad. Pierre du Colombier, « Bibliothèque de la Pléiade », Paris, Gallimard, 1954, p. 253.

ultime insomnie

FLAUBERT Gustave, *Extraits de la Correspondance ou Préface à la vie d'écrivain*, Paris, Seuil, 1963, p. 57.

NOVALIS, *Le Brouillon général*, *op. cit.*, (trad. mod.), n° 409, p. 101.

– *Hymnes à la nuit*, in *Novalis Schriften*, herausgegeben Minor, Iéna, Verlegt bei Eugen Diederichs, t. I, 1923, p. 11-13.

table des matières

Imprimerie de la Manutention à Mayenne – Août 2008 – N° 224-08
Dépôt légal : 3ᵉ trimestre 2008

Imprimé en France